JN418769

보통 사람들의 카톡 전투

꽉의 낙서, 정권을 바꾸다

보통 사람들의 카톡 전투

꽉의 낙서, 정권을 바꾸다

초판인쇄 2022년 4월 24일
초판발행 2022년 4월 30일

지은이 김곽진
펴낸이 이재욱
펴낸곳 (주)새로운사람들
디자인 김남호
마케팅관리 김종림

© 김곽진 2022

등록일 1994년 10월 27일
등록번호 제2-1825호
주소 서울 도봉구 덕릉로 54가길 25(창동 557-85, 우 01473)
전화 02)2237.3301, 2237.3316 **팩스** 02)2237.3389
이메일 ssbooks@chol.com

ISBN 978-89-8120-643-7(03810)

보통 사람들의 카톡 전투

꽉의 낙서, 정권을 바꾸다

김곽진의 생각

새로운사람들

| 추천사 |

水可載舟 逆可覆舟(수가재주 역가복주)

"물은 배를 띄울 수도 있지만 배를 뒤집을 수도 있다."

이번 20대 대통령 선거 결과는 이 사자성어가 함축적으로 말해준다. 도도한 민심의 해류를 읽지 못하면 배는 전복될 수밖에 없고, 지도자는 교체될 수밖에 없다. 오로지 민심을 제대로 읽고 겸허하게 대처하는 자만이 지도자의 반열에 오를 뿐이다.

선거는 '국민과의 계약'이다. 국민이 한시적으로 위임한 권력을 국민을 위해서 합목적적으로 사용해야 한다. 특정집단의 이념과 이익만을 위해서 자의적으로 사용하는 것은 민심의 파도를 거스르는 일이다.

정치학에서는 권력을 '實物說'과 '關係說'로 구분한다. '실물설'은 권력을 투쟁을 통해 쟁취한 하나의 實物로 보고 집권자 마음대로 운용하는 것이라고 보는 시각이라면, '관계설'은 선출된 지도자와 선출한 유권자 사이의 한시적 계약으로 성립하는 關係로 보는 것이다.

전자가 과거 전제군주시대의 고루한 사고라면, 후자는 국민주권시대의 계약설을 뒷받침하는 민주적 사고라고 본다. 만일 현대의 지도자가 권력을 자기 마음대로 휘두르는 실체로만 본다면 이는 커다란 시대착오다. 더구나 민심과 괴리된 권력의 행사는 준엄한 국민의 심판을 받는 것이 너무도 당연하다.

제20대 대통령으로 윤석열 후보가 당선되었다. 불과 5년 전 권력 작동 기제가 탈법적이며 엄숙해야 할 권력을 자의적으로 행사했다며 준엄하게 심판한 징치(懲治) 세력의 중심인물이 오히려 반민주적 사이비 민주화 세력 압박 속에 반대당 지도자로 선발되어 권력교체가 이뤄지는 아이러니를 우리는 보았다.

한국정치의 어이없는 자기모순이지만, 민심의 바다에서 보면 너무도 당연한 귀결이 아닐 수 없다.

역사는 윤회하면서 발전한다고 했던가? 모순위에 모순이 점철되어 正反合을 이루는 역사의 아이러니를 국민은 목도하고 있다. 국민은 매우 혼돈스러울 것이다. 그러나 이는 해변에 밀려오는 파도만 보고, 바다 속 깊은 곳에서 도도하게 흐르는 *海流*를 보지 못한 결과다.

이 책은 민심의 바다에서 갓 건져올린 싱싱하게 펄떡이는 한 마리 생선이다. 바닷가를 맴도는 치어나 잡어가 아니다. 광어나 도다리 급을 뛰어넘는다. 바다 속 *深海*에서 건져 올린 일등 급 어종인 이시가

리나 다금바리 급이다. 요행으로 건져 올린 횡재가 아니라 노련한 고수 낚시꾼이 건져 올린 대물이다.

선거에서 이겼어도 이겼다고 장담하지 못하고, 선거에 패배했어도 패했다고 인정하지 않는 모두에게 이 책은 승리와 패인의 원인과 결과를 소상하게 밝혀줄 것이다. 진단이 정확해야 처방이 나오는 법. 원인 없는 결과가 없고 결과 없는 원인도 없다. 남의 탓만 하는 어리석은 자는 미래를 만들어내지 못한다.

이름 없는 민초들의 소리 없는 아우성, 사이버 민주광장(Cyber Democracy)에 급전으로 타전되던 전통(傳通)문들이 한 권의 책으로 탄생했다. 전통(傳通)문을 읽다 보면 선혈이 낭자하다. "피융 피융, 콰과광, 펑, 으악!" 흡사 전쟁터에서 들려오는 기관총 소리와 포탄 소리, 그리고 비명소리가 들려오는 듯하다.

정치는 제 나라 국민들의 수준을 대변한다고 하지 않던가? 정치를 하고 있는 자, 정치를 하려는 자, 그리고 정치를 제대로 알고자 하는 이들에게 일독을 권한다. 다소 투박하지만 노련한 어부가 심해에서 건져 올린 풍성한 횟감에 목 넘김이 상쾌한 소주 한 잔을 곁들일 수 있는 진수성찬이다.

끝장을 넘길 때쯤 되면 '뜨끈한 매운탕'이 기다리고 있을 것이다. 대한민국의 새날을 고대하며 써 내려간 민초들의 혈서를 보노라면 새벽녘 파도가 너울대는 고깃배 위에서 또 다른 태양이 떠오는 광경을 가슴으로 얼싸안으며 뜨거운 감정을 주체하지 못해 절로 솟구치는 울컥함 때문에 끝내 눈물을 삼키게 되고 말 것이다.

2022년 4월

李善明

現 한국방송기자클럽 부회장, 前 SBS 뉴스텍 대표이사

|책머리에|

나의 솔직한 고백

1. 고백

먼저 '꽉'에 대해 고백해야겠다.
나는 글을 쓸 만큼 유식한 사람이 아니다.
글 쓰는 일을 하기에는 知力이 부족하다.
글쓰기의 경력도 없다.
또한 나의 과거 직업이
'글쓰기'에 연관돼 있던 사람도 아니다.
한 마디로 나는 책 읽고 글 쓰는
선비 형 인간이 아니다.

그저 匹夫로 삶의 현장에서
보통 사람들처럼 부딪치고, 실패하고, 좌절하다가
그리고 다시 일어서기에도 벅찬 인생이었다.
그렇게 좌충우돌 살아온 인생이다.
그래서 '글쓰기'라는 이름으로

나를 드러내는 것은 매우 부담스러운 일이었다.
어쩌면 '꽉의 낙서'는
나의 부족함을 세상에 널리 알리는
아주 부질없고 멍청한 짓인지도 모르겠다.

2. 그런데 왜 '꽉의 낙서'를 시작했나?

어느 날부터인가 코로나 팬데믹으로 인해 자주 보던 친구들을 볼 수 없게 되었다. 그래서 친구들과의 소통을 카톡으로 해결하게 되었다. 그러다 보면 자연스레 한 번도 경험하지 못한 좌파 세상에 대한 걱정까지 하게 되었다.

'보통 사람들의 카톡 전투'는 이렇게 '내로남불 정부' 걱정에서부터 시작되었다.

3. 나에게 정치란?

나는
세상사에 대한 관심이
보통의 내 친구들보다는 조금 더 많은 편이다.

"정치는 공기다."라는 말이 있다.
나도 그렇게 생각한다.

사람은 좋은 공기를 마시며 살아야 한다.
마찬가지로 '정치 공기'도 깨끗해야 한다.

우리의 삶에
정치와 연결되지 않은 것이 하나라도 있나?
조금만 주변을 주의 깊게 살펴보면
우리의 삶이 정치와 철저히 연결되어 있음을 쉽게 알 수 있다.
그렇기 때문에 우리는 좋든 싫든
매일 매일 '정치 공기'를 마시며 산다.

문재인 대통령의 유체이탈식 말씀을 매일같이 들어야 하고
김정숙 여사의 버킷리스트와 패션쇼를 감상해야 하고
김정은의 불꽃놀이도 가슴 조이며 봐야 한다.

어디 그뿐인가?
조국, 윤미향, 김원웅의
내로남불 썩은 냄새를 맡아야 되고
추미애가 소설로 풀어놓은
毒盃도 마셔야 한다.
이재명의 쌍욕과 거짓말로 오염된
공기까지 마셔야 한다.

60년대 공장 굴뚝에서 나오는 시커먼 연기 같은
공해 정치를 바꿔야 살 수 있다.
중국서 날아오는 미세먼지 같은
황사 정치 공기를 바꿔야 살 수 있다.
그래야 나뿐만 아니라
우리 후손들도 숨 쉬고 살 수 있다.

그래서 나는 세상 공기를 바꾸기 위해
낙서를 쓰기로 마음먹었다.
한 마디로 '무식이 용감'을 낳은 것이다.

'보통 사람들의 카톡 전투',
『꽉의 낙서, 정권을 바꾸다』는 이렇게 해서 잉태되었다.

3. 기왕 시작한 거 확실히 가자!

'이 거지같은 세상'을
손주들에게 물려줄 수는 없었다.

우리 후손들이
김정은 앞에서 박수치며 떨게 할 수도,
일거리를 찾아 동남아를 떠돌게 할 수도 없는 노릇 아닌가?

그래서
“내 한 표로는 안 되겠다.”고 마음먹었다.
그날부터 친구들에게 내 생각을 전하기 시작했다.
내 뜨거운 심장을 조금씩 열어 보였다.

때로는
심장을 활짝 열고 뜨거운 피를
세상에 뿌리기도 했다.
그랬더니
신기하게도 꽉의 낙서가
다시 내게 돌아오기 시작했다.
지구 한 바퀴를 돌아서까지…….

4. ‘일일 정치 연속극’이 된 꽉의 낙서

꽉의 낙서는
남이 안 보고 못 본 데를 본다.
남들과 다른 시각으로 본다.
남들보다 먼저 본다.
큰 흐름을 보고 내일을 예측해 본다.
군더더기 빼고 핵심만 쓴다.
그리고 마구 깐다.

가장 중요한 건
정권교체를 위해 쓴다.

낙서는
읽기 쉽고, 재미있게, 기다려지게
'일일 연속극'처럼 쓰자!
이런 욕심이 생겼다.

5. 윤석열을 만나다

나는
한겨울 매서운 칼바람 부는 날
그것도 땅거미 내려앉은 초저녁
하늘에 걸린 초승달을 보면서
황량한 시골들판을 가로질러 걷고 싶다.
그때 먼 데서 개 짖는 소리 들오면 제격이다.
이렇게 혼자 걷는 내 모습을 상상하곤 한다.
종종 실천에 옮기고 싶은 사람이다.

그런 내가
검투사 윤석열을 만났다.

이번 선거는 윤석열이 아니면 그 누구도
이재명을 이길 수 없는 선거다.

왜냐?
이재명은 하늘이 낸 권력욕의 화신이니까.
반면 윤석열은 국민이 부른 사람이다.

윤석열의
인간성, 뚝심, 배짱, 맷집이 있었기에
권력욕의 화신 이재명과 싸울 수 있었다.

윤석열은 이 시대에 보기 드문 사내다.
아마도 내 이 믿음은 오래 갈 거 같다.

그러나 아직
싸움은 끝나지 않았다.
끝나야 끝나는 것이다.
이제 시작이다.

6. 드디어 3월 9일

우리는 윤석열을 무등 태워서

위대한 승리를 쟁취했다.
우리가 무엇을 위해 이토록 치열한 싸움을 했는가?

"나는 아무 것도 바라지 않는다.
나는 두려울 것이 없다.
고로 나는 자유다!"

『그리스인 조르바』의 작가
카잔차키스의 묘비명이다.

다만 이 나라 자유민주주의가
온전히 지켜지길 바랄 뿐이다.

이제 '꽉의 낙서'도
그동안 수없이 쏟아낸 독설들을
주워 담아야 할 시간이 되었다.

그동안 한참 부족한
'꽉의 낙서' 보시느라 고생하셨다.
그리고 과분하게 격려해주셔서 감사할 뿐이다.

대모산의 무명용사들!

그들은 모두
"내가 윤석열이었다!"
I'm SPARTACUS!

2022년 4월
꽃피는 봄날 대모산 자락에서

| 차례 |

제1장 2019년 이전

제2장 2020년

제3장 2021년

제4장 2022년

제5장 2022년 마지막 30일

[후기]

제1장
2019년 이전

보수는 누구인가?

2017년 9월 26일.

강원도 철원의 군부대에서 이모 상병이 사격장에서 날아온 유탄에 맞아 숨지는 비통한 사건이 발생하였다. 한 젊은이가 조국의 부름을 받고 군에 입대했다가 무사히 부모 곁에 돌아가지 못하고 생을 마감하는 비극적인 사건이었다.

군 당국은 故 이 상병이 부대원들과 함께 사격장 인근을 통과하던 중 도비탄에 맞아 사망했다고 발표했다. (도비탄이란 총알이 장애물을 맞고 튕겨 나온 탄환을 말한다.)

그러나 고 이 상병의 부모님은 아들의 사망 원인을 바로잡았다. 도비탄에 의한 사망이 아니라 사격장에서 직접 날아온 유탄에 의한 사망임을 밝혀낸 것이다. 아마도 국방부는 사건축소 의도를 갖고 도비탄에 의한 사망으로 사인을 발표했을 것이다.

국가의 부름을 받고 복역 중이던 한 젊은이의 죽음을 대하는 국방부의 허술한 태도에 분노를 감출 수 없다. 그럼에도 불구하고 故 이 상병 부모님은 의연하셨다.

첫째, 고 이 상병 부모님은 조용한 가운데 아들의 사망 원인을 제대로 밝혀내 사건의 진실을 바로잡았다.

둘째, 유탄의 발사자를 찾지도 처벌하지도 말라는 당부였다. 고 이 상병 부모님은 이렇게 말했다.

"빗나간 탄환을 어느 병사가 쐈는지 밝히거나 처벌하는 것을 절대 원하지 않는다."

"총을 쏜 병사가 큰 자책감과 부담을 안고 살아가는 것을 원치 않는다."

"그 병사도 어떤 부모의 소중한 자식일 텐데, 그분들께 아픔을 주어서는 안 된다."

세상에 자식 잃은 부모의 이보다 더 슬프고 품격 있는 조사가 어디에 있을까? 사족을 다는 것은 고 이 상병의 부모님께 누가 되는 것 같다. 대신 LG 구본무 회장이 답했다.

"큰 슬픔 속에서도 사격훈련을 하던 병사가 지니게 될 상당한 심적 타격과 상대방 부모의 마음까지 헤아린 사려 깊은 뜻에 매우 감동받았다."

"그분의 깊은 배려심과 의로운 마음을 우리 사회가 함께 생각해보는 계기가 되길 바란다."

사재로 조의금 일억 원을 전달했습니다.

'꽉의 낙서'는 고 이 상병의 안타까운 죽음 앞에서 내가 꿈꾸는 보수의 한 장면을 목격했습니다. 고 이 상병 영전에 무궁화 꽃 한 송이를 헌화합니다. 그리고 고 이 상병 부모님께 깊은 존경과 심심한 위로 말씀을 전해 드리고 싶습니다.

(2017년 10월 22일 새벽)

※꽉의 낙서는 고 이상병의 부모님이 어떤 분이신지 전혀 알지 못합니다. 다만, 고 이상병의 안타까운 죽음이 꽉의 낙서를 시작하게 된 계기가 되었습니다. 존경하는 고 이상병의 부모님께 조금이라도 누가 될까 두렵습니다. 저의 잘못이 있다면 용서를 빕니다.

홍준표의 "서민과 중산층을 위하여!"

자유한국당 홍준표 대표가 요즘 지방 신년인사회에 참석하느라고 바쁜 일정을 보내고 있는 듯하다. 나름 6월에 실시될 지방선거에 대비하면서 당대표로서의 조직 장악이라는 두 마리 토끼를 쫓는 바쁜 모양새이다.

그런데 하나 꼭 짚고 넘어가야 할 대목이 눈에 들어온다. 당의 정책 슬로건이 "중산층과 서민을 위한 새로운 시작"이다. 정치적 슬로건은 정당과 정치인의 정체성과 직결되는 중요 메시지다. 그런 의미에서 홍준표 대표에게 묻고 싶다.

홍 대표는 진정 중산층과 서민을 한꺼번에 위할 수 있다고 생각하는가?

중산층과 서민은 이해관계가 서로 충돌하는 집단이라고 생각하지는 않는가?

또 자유한국당은 중산층 정당인가, 아니면 서민 정당인가?

이러한 문제에 대하여 자유한국당과 홍 대표는 얼마나 치열하게 고심했는가?

우리 사회의 곳곳에서 중산층과 서민의 이해관계가 충돌하고 있다. 집값이 오르면 주택 소유자는 웃고 집 없는 서민은 실의와 비탄에 빠진다. 인건비가 오르면 종업원은 웃지만 자영업자의 시름은 깊어진다.

얼마 전 지하철 창동역 주변에서는 통행권과 생존권을 놓고 주민과 노점상 간에 극심한 대결을 보였다. 계층 간의 이해대립은 차상위 계층 간에 직접적이고 심각하게 나타난다.

그렇다면 홍 대표의 중산층과 서민을 동시에 만족시킨다는 슬로건은 따뜻한 아이스크림인가, 꼼수인가? 자유한국당이 중산층 표도 지키고 서민의 마음도 얻고 싶은 심정은 이해한다. 그러나 모순된 구호가 해결책이 될 수는 없다.

이 참에 자유한국당의 정체성에 대해 치열한 논쟁이 있으면 좋겠다.

(2018년 1월 12일 새벽)

정치와 조폭

요즘 세간에는 이재명의 조폭 연루설로 시끄럽다. 원래 정치와 조폭은 비슷한 물성을 가지고 있다고 한다. 예를 들자면 정치는 "지배와 피지배의 관계다,"라고 규정하기도 한다. 조폭 또한 '지배와 복종'을 생명으로 하는 집단이다. 특히나 정치집단과 조폭은 돈이나 권력을 적절히 배분해야 조직이 유지된다. 그래서 정치를 '가치의 배분'이라고도 한다. 조폭 역시 '수확의 배분'이 생명이다.

이렇게 두 집단 간의 유사성 때문인지 현대 정치사에서 정치와 조폭의 밀착 사례는 많다.

해방 정국에서의 김두한, 이정재를 시작으로 5공 시절 용팔이 민주당 창당 방해사건에 이르기까지 사례는 무수히 많다.

최근 거론되고 있는 이재명 조폭 연루설은 비단 이재명만의 문제가 아닐지도 모른다. 지금도 동네 구석구석에서는 알게 모르게 조폭과 이권이 선거를 매개로 뒤엉켜 돌아가고 있을지도 모른다.

내가 경험한 한 사례를 돌아본다.

1980년대 후반 어느 날, 조용한 시골 작은 마을에 갑자기 수십 명의 검은 정장 차림 젊은이들이 무리를 지어 거리를 활보했다. 그 다음날 그들은 군민회관에 동네 사람들을 불러 모았다. 그곳에는 도지사, 국회의원 등의 화환이 즐비했다. 그들은 주민들이 지켜보는 백주대낮에 젊은 청년 10여 명이 단상에 올라가 손가락을 자르는 단지(斷指) 의식을 거행했다. 주민들은 경악했다. 이른바 ×××의 단지 결성식이었다.

그 후 손에 하얀 붕대를 휘감은 청년들이 검정 정장 차림으로 며칠간 거리를 활보했다. 동네는 일순 적막이 감돌았다. 지역 언론은 물론 어떤 어른도 모두 침묵할 따름이었다.

나는 요즘 이재명 조폭 연루설을 대하며 1980년대 내가 목격한 광경이 자꾸 생각난다. '적폐 청산'은 우리 주변에 숨어 있는 독버섯 제거부터 시작되어야 하는 것 아닌가?

(2018년 7월 29일)

쇼통은 거짓소통이다

문재인 정부의 쇼통 행보는 청와대 입성과 동시 와이셔츠의 소매를 걷어붙인 채 아메리카노 커피 잔을 들고서 청와대 경내를 여유롭게 산책하는 장면에서부터 시작되었다. 그 이후 문재인 정부는 청와대 일자리 게시판을 시작으로 여러 행사에서 쇼통의 솜씨를 자랑했다.

드디어는 판문점 도보 다리 회담에서 문재인표 쇼통 솜씨가 절정을 이룬다. 그러다 최근에는 대통령과 젊은 직장인의 자연스러움을 가장한 호프집 미팅이 단골 출연자의 등장으로 들통이 나서 빈축을 사기도 했다.

박원순 서울시장도 청와대 따라 하기 옥탑 방 쇼통을 시도하다 시민의 비웃음을 사고 있다. 본래 Show는 '보여주는 것'이고 '일부러 꾸며 놓는 것'이라는 의미이다. 그래서 위정자들이 국정을 쇼통으로 대하기 시작하면 국민만 괴로워진다.

왜냐하면 첫째로 쇼통은 문제 해결의 본질하고는 거리가 멀다. 예를 들어 일자리 정책은 양질의 일자리를 늘리는 게 본질이다. 그런데 일자리 상황판에 집착하면 보여주기 숫자 놀음에만 집착하게 마련이다. 결과는 가짜 일자리만 늘어나게 될 뿐이다.

둘째로 쇼통은 거짓을 동반한다. 학생이 공부를 열심히 하기보다 성적표에만 과도하게 관심을 두는 경우이다. 이는 컨닝이나 성적표 조작으로 이어진다. 이게 쇼통이다.

그러니 청와대에서 경제통계를 자의적으로 왜곡 발표해서 망신을 사고 국민의 비웃음을 사는 일이 발생하는 것이다.

셋째 쇼통은 끝이 없다. 가수 김원준의 5집 앨범(1996년) 타이틀곡에서 첫 소절은 "쇼는 끝이 없는 거야~♬♬♬"로 시작된다. 원래 편한 것에 길들여지고 거짓에 익숙해지면 헤어나기 어렵다. 문재인 정부가 자꾸 쇼통에 길들여지면 대통령의 인기에만 매달리게 된다.

요즘 대통령 지지도가 하락 있다고 한다. 차제에 문 정부가 조금이라도 국민생활 향상과 나라 발전에 관심과 의지가 있다면 과감하게 쇼통에서 벗어나 실체적 진실과 마주 해야 한다. 다시 말해 인기에만 연연하는 빈 껍데기 정부가 되지 말고 국민을 위해 실속 있는 정부가 되길 진심으로 바란다.

(2018년 8월 1일)

신께 간절히 비는 새해 소망

나라의 존망을 걱정하게 한 통한의 2018년 마지막 날이 밝았습니다.

신이시여! 제발 오늘로 이 나라 이 땅에 거짓 평화의 먹구름이 걷히고 새해에는 자유민주주의 햇살을 골고루 비춰 주소서.

신이시여! 최저 임금, 소득주도성장, 탈원전의 늪에서 허우적거리는 이 나라 국민을 굽어 살피시고 청와대를 각성시켜 주소서.

신이시여! 새해에는 전직을 때려잡는 적폐 놀음에서 나약한 우리를 지켜주시고 차가운 감옥에서 고통 받는 이들이 가족의 품으로 돌아가게 도와주소서.

신이시여! 새해에는 이 나라 대통령 수행원들이 해외에 나가 얻어맞고 혼밥 먹고 국격 떨어뜨리기보다는 자유 민주 우방과 굳건히 악수하는 나라다운 나라 되게 해주소서.

신이시여! 새해에는 우리에게 전교조 민노총 그리고 거짓 선동언론의 사슬을 끊을 수 있는 지혜와 용기를 주셔서 진실을 보고 행동하게 하소서!

신이시여! 새해에는 불쌍한 이 나라 가엾게 여기시어 더 이상의 분열과 보복을 끝내고 국민통합을 이루어낼 우파 큰 인물 나오게 해주시길 간구 하옵니다!

(2018년 12월 31일 무술 마지막 날)

문재인의 섬뜩한 표현 1

"경제, 못 가본 길 반드시 가겠다."

"촛불과 같은 방법으로 경제를 바꾸어 나가야 한다."

이는 문 대통령이 어제 신년사에서 소득주도성장 대신에 쏟아낸 말이다. 얼마나 무섭고 섬뜩한 표현인가? 이미 나라경제는 문 정부 경제정책 때문에 포퓰리즘 효과를 톡톡히 보기 시작했다. 나라는 이미 망하는 길로 인도되고 있는 중이다. 뿐만 아니라 문 정부의 실력은 탈원전, 최저임금, 소득주도성장을 통해 바닥을 드러낸 지 오래다 .

그럼에도 불구하고 새해 벽두에 "경제, 못 가본 길 반드시 가겠다."고 으름장을 놓고 있다.

못 가본 세상을 반드시 구경시켜 주겠다니? 대체 거기가 어디인가? 남미의 베네수엘라인가, 동남아의 필리핀인가?

국민경제가 문재인의 실험대상인가?

"못 가본 길 반드시 (끌고) 가겠다."니 두려울 뿐이다.

문재인의 섬뜩한 표현 2

문 대통령은 올해 남북관계를 '되돌릴 수 없는 평화'라는 목표로 설정했다고 한다. 어디서 많이 듣던 표현이다. 노무현의 공공기관 이전 '대못 박기' 복사판이다.

이는 남북관계의 기본 틀을 김정은의 구미에 맞게 해체시켜서 '대못을 박아' '되돌릴 수 없게' 부숴놓겠다는 것인가?

"되돌릴 수 없다."

참으로 섬뜩한 표현이다. 문재인 정부는 이미 (국민적 합의 없이) 판문점선언, 평양선언을 통해 거짓평화로 국민을 속이고 있으며 남북 군사합의를 통해 국가안보를 '되돌릴 수' 없을 지경으로 해체하여 '대못질'을 하고 있다.

반면 김정은은 이미 핵을 가지고 우리를 협박하고 있다. 국제무대에서는 문재인을 김정은의 대변인으로 여겨 온갖 임무를 부여하고 있다. 트럼프를 불러와라. 교황을 모시고 오라는 등이다. 또한 국내에서는 대한민국의 안보를 해체시키기 위해 비행금지구역을 선포하게 하고 한미 군사훈련을 중단하라고 하며 금강산 관광과 개성공단 재가동을 압박하고 나온다.

국가안보 상황이 이러함에도 문재인은 올해의 남북관계 목표가 '되돌릴 수 없는 평화'라니 섬뜩하지 않을 수 없다. 평화는 현란한 언어로 얻을 수 있는 게 아니기에 섬뜩할 뿐이다.

정확한 본질을 파악하여 단번에 정곡을 찌르는
一針見血 같은 논조에 감탄합니다.

-원전관련산업체 전직 임원

주사파의 섬뜩한 표현

임종석의 “첫눈이 오면….”

얼마 전 청와대 쇼통 담당 비서관 탁현민이 사표를 제출하여 화제가 된 적이 있었다. 그때 사표를 낸 탁현민보다 임종석의 “첫눈이 오면 보내주겠다.”는 말이 감상적이고 문학적이라 하여 더욱 화제가 되었다. 나는 이 말을 듣는 순간 '문학적 표현'이 아니라 주사파식 언어라는 생각이 스쳤다.

무슨 말인가 하면 김일성은 6.25전쟁을 시작하면서 “낙엽이 지기 전 전쟁은 끝난다.”라고 호언장담하며 전쟁을 시작했다. 위수김동(위대한 수령 김일성 동지)을 외치던 주사파들에게 “낙엽이 지기 전….”이나 “첫눈이 오면….”은 도낀개낀이다.

드루킹의 ‘경인선’도 마찬가지다. “경제도 사람이 먼저다.”라는 구호는 1970년부터 김일성 집단이 일관되게 사용하는 정치구호 “사람 먼저 생각하디요.”의 변종이다.

‘언어는 사고의 집’이라고 했다. 청와대 언어가 참 이상하다.

(2019년 1월 3일)

홍준표의 궤변-홍준표가 옳았다?

어제 (2019. 1. 30.) 홍준표가 "자유한국당 2. 27 전당대회 당대표 경선에 출마하겠다."고 선언했다. 그는 출마의 辯으로 이번 당대표 선거를 '홍준표의 재신임'을 묻는 선거로 규정하면서 "홍준표가 옳았다."는 "국민들의 믿음이 있을 때 다시 돌아오겠다."는 약속 이행이라고 말했다.

우리는 이 대목에서 홍준표의 궤변을 짚고 넘어가지 않을 수가 없다. 당초 보수우파는 홍준표가 틀린 말을 한다고 말한 적이 없다. 다만 당원과 국민이 홍준표에게 대통령후보, 그리고 당대표라는 두 번의 중책을 맡겼음에도 대선과 특히 지방선거에서 그 소임을 다하지 못한 것에 대한 책임을 묻고 있는 중이었다.

특히나 홍준표가 자신의 책임 하에 치러낸 지난 지방선거에서 보수에게 엄청난 패배를 안겼으니 스스로 당 대표직을 물러나는 것은 당연한 수순이었다. 그것이 불과 7개월 전의 일이다.

홍준표는 자신의 허물은 보지 않는다. 오히려 국민이 나의 진정성과 선견지명을 못 알아듣는다고 타박이다. 그렇다면 이 대목에서 홍준표의 실책이라고 하기에는 너무나도 엄중한 중대 과오를 짚어봐야 하겠다. 홍준표가 자신의 선명성을 의심받을 만한 최근의 정치적 행보 3가지를 지적하고자 한다.

첫째, 박근혜 대통령을 출당시킨 일이다.

이는 대통령을 배출한 정당의 대표로서 감옥에 있는 대통령에게 할 짓이 아니었다. 박근혜 출당 조치는 비탄에 빠져 있는 보수우파의 심장에 또다시 비수를 꽂은 행위였다. 홍준표는 자신이 공언한 대로 박근혜 전(前) 대통령이 공정한 재판을 받을 수 있도록 투쟁했어야 한다.

박근혜의 출당 대신 대통령을 제대로 보필하지 못한 죄로 강성 친박을 혼내주고 출당 조치하는 등의 강단을 보였어야 했다. 그것이 보수우파 국민을 위로하고 당의 중심을 잡는 길이었다. 그런데 박근혜를 내쫓아서 보수우파의 심장에 다시 한 번 비수를 꼽은 당대표 홍준표는 진짜 옳았는가? (이에 대해 홍준표는 여러 변명이 많다.)

둘째, 홍준표는 대통령 후보 시절 경쟁자인 문재인 후보의 아들 문준용의 고용정보센터 부정취업 의혹을 의도적으로 검증하지 않았다.

홍준표가 문준용 취업 의혹에 대해 제대로 투쟁했다면 정권을 그렇게 힘없이 뺏기지는 않았을 것이다.

왜냐하면 당시는 청년실업 문제가 지금보다도 더 뜨거운 사회적

이슈가 되어 있었던 시점이었다. 홍준표가 문준용 부정 취업 의혹을 제대로 물고 늘어졌다면 아마도 민심의 대폭발을 일으켰을 것이다. 이게 대선 후보 홍준표의 직무유기다.

이회창은 김대업의 가짜뉴스 한방에 나가떨어지지 않았나? 후일 홍준표는 이 문제에 대해 어느 방송에서 문준용 취업 비리 의혹에 대해 "후보자 가족의 문제라서 심하게 다루지는 않았다."고 실토한 바 있다. 이 문제는 언제가 꼭 책임을 물어야 한다.

우파의 대통령 후보가 당원과 국민을 배신하고 적과 내통한 罪가 아닌가 싶다.

앞으로 홍준표는 없는 죄도 만들어내는 좌파들에게 제대로 한 번 겪어봐야 정신을 차릴 것이다. 보수가 싸울 때 이죽거리는 기회주의자 홍준표는 투쟁을 말할 자격이 없다.

셋째, 최근 홍준표는 손석희를 향해 "부디 슬기롭게 대처하시어 국민적 오해를 풀고 맑고 깨끗한 손석희의 본 모습을 되찾기 바랍니다. 부디 차분하게 대처하십시오."라는 SNS 글을 남겼다. 홍준표가 주차장 뺑소니 사고로 곤욕을 치르는 손석희를 위로한 SNS 문자이다.

조작된 태블릿 PC로 국민을 호도 선동해서 촛불광장으로 내몬 손석희로 알려져 있다. 좌파정권 수립 일등공신 손석희에게 '맑고 깨끗한 손석희의 본모습'으로 속히 돌아오라고? 이러고도 홍준표가 보수를 대표할 수 있는가?

또한 友軍 변희재는 지금도 손석희의 가면을 벗기기 위해 옥고를 치르는 중이다. 홍준표가 좋아하는 좌파는 유시민, 손석희, 김어준 등이다. 이들은 홍준표와 서로 밀고 당겨주는 '공생관계'인 것 같다. 이런 사람이 야당 당대표 되겠다고 한다.

국민들로부터 '新사쿠라 홍' 소리를 들을까 걱정이다.

(2019년 1월 31일 우울한 설 대목에)

박정희 대통령 기념관을 다녀와서

만약 좌파가 악의를 갖고 기념관 리모델링 공사에 마사지를 했다면 어찌 되는가? 나는 며칠 전 박정희 대통령 기념관에 다녀올 기회를 가졌다. 박정희 대통령 기념관은 작년 박 대통령 탄신 100주년을 기념해서 1년여의 리모델링 공사 끝에 지난 3.1절 날 재개관하게 되었다고 한다. 그런데 한 단계 업그레이드했다는 기념관에 다녀와서 기분이 썩 개운치 않다.

왜 그럴까? 무언가 이상하다고 느껴지는 불길한 예감 때문이다. 나의 불길한 예감이라는 것은 혹시라도 좌파 세력이 박정희 대통령을 폄훼하려는 의도를 갖고 기념관 리모델링 공사에 은밀하게 관여한 건 아닌가 하는 발칙한 의심 때문이다. 내 발칙한 의심이 잘못된 상상이길 바라며 몇 가지 점을 생각해 봤으면 한다.

나의 이런 불길한 예감은 박정희 대통령 일가를 향한 좌파들의 테러는 현재도 계속되고 있다는 생각과 궤를 같이 한다. 우리는 이미 좌파들이 박정희 대통령 생가에 방화한 전력을 기억하고 있으며, 또한 맥아더 장군의 목에 밧줄을 걸고 동상을 끌어내리는 광경을 목격한 바도 있다. 그런 그들이 박정희 대통령 기념관이 서울에 버젓이 존재하는 것을 순순히 보고만 있겠는가? 이런 관점을 갖고 전시관에서 보고 느낀 점에 대해 몇 가지 의문을 제기한다.

첫째로 관람객이 기념관에 들어서면 초입에 박정희 대통령의 만주군관학교 입교와 일본군 소위 시절 사진을 마주하게 된다. 이 장면에서 나 같은 관람객은 관람의욕이 떨어져 버린다.

그리고 이 사진은 관람자를 관람기간 내내 "박정희는 일본육사 출신 친일파다."라는 선입견에 가두어 버리는 효과가 있는 것 같다. 이게 박정희 기념관이 택한 최선의 전시기획인가? 아니면 무언가 숨겨진 의도가 있는지 묻고 싶다.

둘째로 새로 제작했다는 박정희 대통령의 밀랍 인형 3개가 있다. 밀랍인형에 대해 결론부터 말하자면 한마디로 박정희 대통령을 독재자로 만들기 위한 소품처럼 느껴졌다. 전시된 박정희 대통령의 밀랍인형은 역사인물의 밀랍인형에서 느껴지는 보편적 이미지와는 완전히 달랐다.

솔직히 말해 박정희 대통령 밀랍인형을 보는 순간 냉혹한 독재자를 마주하는 듯해서 많이 당황했다. 얼마나 서늘하게 제작해 놓았던지 옆에 가서 사진 찍을 엄두가 나질 않았다. 마치 고등계 형사를 연상하도록 제작해 놓았다고 느껴졌다. (혹시라도 박대통령을 능멸하는 표현이 될까봐 조심스럽다.)

박 대통령이 아무리 냉정한 카리스마를 소유한 분이라 할지라도 한편으론 소탈하고 서민적인 매력을 지닌 분으로 알고 있었다. 그러나 전시된 밀랍 인형은 한결같이 왜소하면서 냉혹하고 차가운 이미지만을 강조하고 있었다. 누군가가 증오와 저주의 손으로 박 대통의 밀랍인형을 제작한 것은 아닌가? 소위 예술가라는 자들 중에는 좌파가 많다는 건 일반적인 얘기이다. 박정희 대통령 기념관이 혹시라도 좌파들에 의해 부정이라도 탔을까 봐 걱정되는 대목이다.

셋째, 박정희 대통령 기념관에 박정희는 없었다. 박정희 기념관을 한 바퀴 둘러보고 나와도 박정희에 대해 남는 게 별로 없었다. 말하자면 박정희 대통령에 대한 강조점이 없고 전시가 산만하다. 나아가 전시 의도가 의심스러운 장면이 한둘이 아니다. 예를 들면 영상기록관에도 박 대통령의 우국충정은 찾아볼 수가 없다.

다만 파독 광부와 간호사의 입을 빌려 박 대통령은 그들을 고생시킨 독재자로 교묘히 편집해 놓았다. 나는 박정희 대통령 기념관에 가면서 박 대통령 각하 특유의 담백하고 카랑카랑한 목소리를 생생하게 들을 수 있을 것이라고 당연한 기대를 했다. 그러나 나의 이런 기대와는 달리 주객과 본말이 뒤바뀐 전시였다. 무언가 불순한 의도가 숨겨져 있는 전시라는 의심을 또 다시 하게 했다.

넷째, 언론 보도에 의하면 이번 기념관 리모델링으로 인해 달라진 것의 핵심은 밀랍인형 제작과 18년 6개월 집권 기간의 과오를 객관적으로 전시하여 공과의 균형을 맞추는 것이었다고 한다. 그래서 유신체제 영상과 박 대통령에 대한 비판 기사를 전시하였다고 한다. 기념관 측의 이런 설명이 나를 더욱 찜찜하게 한다.

말하자면 불순한 전시의도를 숨기기 위한 사전포석이 아닌가 하는 생각이다. 아니면 기념관 측도 눈치를 못 챈 채 누군가의 음모에 당하고 있는지도 모르겠다.

다섯째, 새 건물로 리모델링하면서 환기 시스템은 어떻게 했기에 먼지가 빠지지 않는지 모르겠다. 목이 따가워서 잠시도 머무르기가 어려웠다. 직원에게 왜 이리 환기가 안 되느냐고 물으니 그런 지적이 많다고 대답한다. 이런 현상이 계속된다면 이것마저도 리모델링의 의도가 의심이 가는 대목이다.

결론적으로 말해서 내가 본 박정희 대통령 기념관은 박 대통령의 업적을 기리고 추모하는 공간이 아니라 박 대통령을 폄훼하는 공간이었다. 경건해야 할 박정희 대통령 기념관이 혹시라도 좌파의 손에 의해 부정을 타서는 안 된다는 노파심에서 문제제기를 한다.

세상은 급격하게 진화한다. 따라서 음모도 급격하게 진화한다. 드루킹 사건을 보라. 만약 박 대통령 기념관 리모델링과 전시기획에 은밀한 음모가 숨겨져 있다면 이는 역사를 날조하려는 음탕하고 거대한 사건이다. 이러한 나의 불길한 생각이 잘못된 편견이길 바란다.

기념관을 관람하는 현자들의 판단을 듣고 싶다.
(2019년 3월 10일)

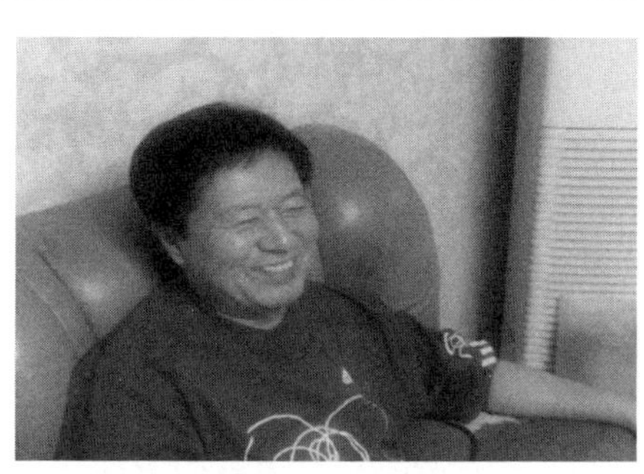

물에 빠져 허우적대면 꺼내는게 급선무..
정의, 공정, 평등만 실현되면 미래는 자동셀프 아닌가?
-짝의 고교친구 이덕주(전 공직자)

팡세의 헛됨

“어느 왕이 전 유럽의 웃음거리가 되고도 자기만은 이것을 모를 수도 있다. 나는 이에 조금도 놀라지 않는다. 진실을 말하는 것은 듣는 사람에게는 유익하지만 말하는 사람에게는 해롭다. 그런데 왕과 함께 사는 사람들은 그들이 섬기는 왕의 이익보다 자신들의 이익을 더 소중히 여긴다. 따라서 자기를 해치면서까지 왕의 이익을 도모할 생각은 조금도 하지 않는다. 이런 불행은 분명히 신분이 높을수록 더 크고 일반적이다. 그러나 신분이 낮다고 해서 예외는 아니다. …(하략)”

문재인 대통령이 생각나는 대목입니다.
(2019년 5월 31일)

제2장
2020년

박진 후보를 만나다

20대 총선에서 강남을(강남구 개포, 일원, 수서, 세곡등) 선거구는 김형오 사천 파동에 휩싸였다. 우여곡절 끝에 선거를 불과 20일 앞두고 정치1번지 종로 출신 3선의 박진 의원이 긴급투입되었다. 상대는 19대 총선에서 민주당 최초로 강남에 깃발을 꽂은 재선의 전현희 의원이었다. 선거 20일 전 아무 대책 없이 박진 의원이 혈혈단신 긴급 투입된 상황이었다.

따라서 강남에는 박진 의원을 당선시켜 보수의 맥을 이어야 하는 막중한 임무가 부여된 것이다. 지금까지 선거 사무실 근처는 얼씬거려본 적이 없는 주민 친구 30여 명이 급조된 박진 의원 선거사무실을 방문했다.

'박진 후보자 氣 북돋우기'부터 시작했다. 박진 의원과의 만남은 이렇게 시작되었다. (박진 의원은 꽉이 선거를 통해 만나게 된 최초의 의원이다.) 이게 정권교체를 위한 자생적 국민운동본부인 가칭 '대모산 사령부' 무명용사들이 탄생한 배경이다.

그 후 박진 의원은 놀라운 적응력으로 20일 만에 막강한 현역의원을 물리치고 승리를 엮어냈다. 승리의 9할은 박진 의원 개인기 덕분이라고 봐도 틀림없을 것이다. 참고로 당시 대모산 사령부가 사용했던 유권자 설득 논리를 소개한다.

강남을 유권자 여러분!
"'탄환보다 강한 것이 투표'라고 합니다."

2020년 4월 15일은 '한 번도 경험해보지 못한' 위기의 대한민국을 구하기 위해 위선적 좌파정권을 투표로 심판하는 날입니다. 이번 4.15 총선에서 무능하고 위선적인 좌파정권을 응징하지 못하면 단언컨대 대한민국과 강남의 미래는 없습니다.

그러므로 우리는 이번 총선을 기필코 승리하여 대한민국 위기 극복의 출발점이 되게 해야 합니다.

주민여러분!!! 깐깐하게 비교해 보고
"박진"을 선택해 주십시오!

1. "박진"은 해군 중위라는 군 경력이 입증하는 투철한 국가관을 가진 남자입니다.

2. "박진"은 중앙정치 무대에서도 잘 통해서 지역 현안을 박력 있게 해결할 3선의 중진의원입니다.

3. "박진"은 청와대 정무, 홍보 분야에서 일하며 국가운영의 큰 그림을 그려본 사람입니다.

4. "박진"은 강남의 품격에 어울리게 국제무대어서도 알아주는 외교통입니다.

5. "박진"은 종로에서 12년을 주민들과 애환을 함께한 경험을 갖고 있는 검증된 일꾼입니다.

존경하는 강남을 주민여러분!!

"박진"은 국민의 성원으로 쌓은 3선의 의정 경험과 국정 경험을 고스란히 강남을에 바칠 것입니다. 강남 초선의 겸허한 자세로 박진의 열정을 강남을에 쏟아 부을 것입니다. 박진과 함께 서로 위로하고 격려해서 어려운 시대를 헤쳐 나갑시다!

박진감 넘치는 박진!!!

진짜가 나타났다!! 박진!!!

(2020년 4월 7일)

박진 후보 당선의 의미

박진 후보의 개표 방송은 '박진감' 넘쳤다. 존경하는 이태식 큰 형님, 대모산 호랑이 대호 兄을 비롯한 형들, 그리고 뜻을 같이해준 여러 친구 & 아우님들…우리는 절체절명의 21대 총선을 한마음으로 감내하면서 '박진 후보'를 응원했다.

그러나 박진 후보의 승리를 축하하기에는 보수의 참패가 너무 충격이다. 그래서 오늘은 당선된 '박진 의원'에게 무거운 짐을 넘기는 것으로 잠시 위안을 삼아보고자 한다.

박진 후보의 당선은 첫째로 보수자유우파의 마지막 희망을 지켜준 당선이다. 우리는 지난 6.13 지방선거에서 보수의 아성이라 불리는 강남에서 강남구청장마저 좌파에게 넘겨주고 말았다. 결과적으로 강남은 이름만 남은 보수의 텃밭이 되어 버렸다.

그러나 오늘 박진 후보의 승리로 잃었던 보수 텃밭 일부를 되찾아오게 되었다. 이는 2년 반 후 '강남을'이 앞장서서 빼앗긴 정권을 되찾아온다는 '희망의 씨앗'을 심은 선거였다. 그래서 박진 의원의 승리를 '정권교체, 희망의 씨앗'으로 규정하고자 한다.

둘째, 오늘은 ‘강남을’을 대한민국 정치 1번지로 부상시킨 날이다. (종로에서 3선을 하고 나서야 ‘강남을’ 국회의원을 할 수 있다.) 왜냐하면 ‘강남을’은 박진 의원을 20일 만에 당선시킴으로써 합리적 집단지성이 살아있는 수준 높은 동네임을 입증했다. 즉 조국이 마비시킨 대한민국 이성을 되찾아온 곳이 다름 아닌 ‘강남을’이다.

그 결과 ‘강남을’은 4선의 중진의원을 갖게 되는 대한민국 신정치 1번지로 우뚝 섰다.

셋째, 대한민국의 소중한 정치자산 ‘박진’을 되살려내는 큰일을 해냈다. 사실 ‘강남을’은 ‘박진’이 아니었으면 패하는 선거였다. ‘강남을’은 알다시피 지역 여건이 그리 좋지 않을 뿐만 아니라 민주당 소속 2선의 현역의원이 지난 4년간 갈고 닦은 숨은 험지였다. 앞으로 ‘박진 의원’이 지역을 대변하는 것은 물론이고 국가를 위해서도 대업을 수행하는 큰 인물로 성장하게 될 것이다.

따라서 우리는 훗날 대한민국 큰 일꾼 박진을 탄생시킨 역사의 현장을 함께한 증인으로 기록될 것이다. 이제 우리는 4선 국회의원 ‘박진’이 보수와 당을 재건해줄 거라는 믿음을 품을 수 있게 되었습니다. 이제 그 꿈을 안고 잠자리에 듭시다.

(2020년 4월 15일)

4.15총선 우파의 패인 1

우파 패인은 사이버 공간에서의 패배이다. 다시 말해 댓글전에서의 패배이다. 댓글전의 위력은 이미 드루킹이 증언한 바 있다. 드루킹은 "사이버전에서의 승리 없이 오프라인에서의 승리는 없다."고 말했다. 맞는 말이다. 그러면서 그는 덧붙여서 "내 말의 뜻을 아직도 이해하지 못하는 정치인들이 있다."고 했다. 지난 대선에서 드루킹에게 당하고도 우파들은 아직도 댓글전의 위력을 실감하지 못하고 광화문 광장에만 매달린다.

사이버 공간은 여론 형성의 큰 장터이다. 반면 여론을 조작할 수 있는 장터이기도 하다. 자극적인 댓글 한 줄의 위력은 강하다. 댓글 한 줄로 여론이 형성되고 적과 동지가 구분된다. 이렇게 해서 생성된 일종의 사이버 좀비가 투표장 앞에 줄을 서는 것이다.

김대호(관악 후보자)가 사이버에 강한 30~40대를 "무지하고 가볍다."고 표현한 것은 시대변화를 읽지 못한 꼰대의 넋두리이다. 차명진의 막말 파동 역시 진실 규명과 관계없이 일단 사이버전에서 패하니까 꼼짝도 못 하고 막말 프레임에 갇혀 낙마하게 되는 것이다. 버스 떠난 뒤에는 아무 소용없다.

막말보다 더 나쁜 게 거짓말이다. 막말은 다만 거친 말이다. 그러나 거짓말은 의도적인 것으로 질이 안 좋은 것이다. 그런데도 조국은 거짓말을 해도 아직 버젓이 살아있다. 왜 그럴까? 개국본이 사이버 공간에서 조국을 지키고 있기 때문이다. 사이버 공간에서 진실은 중요하지 않다. 4.15 총선 막판의 프레임인 세대 갈등과 막말 파문은 사이버 전투의 격전장이었다. 좌파는 이 사이버 전투에서의 승리를 오프라인까지 연결시킨 것이다.

우파는 지금이라도 깨달아야 한다. 평소 사이버 공간의 승리 없이 어떤 선거에서도 승리하기 어렵다.

(2020년 4월 16일)

4.15 총선 "호남은 실수했다."

문재인 집권 전략의 핵심이 '호남 환심 사기'이다. 문재인 정부는 주요 권력 핵심에 호남을 전진 배치시킴으로써 호남의 전폭적 지지를 이끌어내는 전략을 구사했다. 즉 이낙연 국무총리, 임종석 비서실장, 한병도 정무수석, 문무일 검찰총장, 민갑룡 경찰총장 등 호남을 권력 핵심부에 전진 배치시켰다.

이러한 호남 환심 사기 전략은 기대 이상의 효과를 봤다. 문재인 정권으로부터 넉넉한 대접을 받은 호남은 문 정권의 든든한 버팀목 역할을 충실히 해냈다.

뿐만 아니라 박지원, 정동영, 유성엽 등 민생당을 더불어민주당 2중대로 맘껏 부릴 수 있었다. 즉 호남의 민생당은 문 정권의 부족한 의회 권력을 메꿔주는 민주당 2중대 역할을 자처했다.

그 결과 호남은 이낙연을 유력한 대권후보로 만든 것처럼 보인다. 이낙연을 위해 호남은 기꺼이 20대 총선에서 민생당을 제물로 민주당에 바쳤다. 이러한 호남의 선택은 과연 현명한 선택일까? 그렇게도 서둘러서 민생당을 없앨 필요가 있었나?

DJ의 맥을 잇고 있는 호남당을 제물로 바치는 전략이 과연 성공할 것인가? 그에 대한 대답은 한 마디로 "호남은 실수했다."이다. 왜냐하면 이낙연이 대깨문(대가리가 깨져도 문재인 지지세력)들 속에서도 대권주자로 클 수 있었던 것은 민생당이라는 외부 지원군이 있었기 때문이다. 이낙연은 보이지 않게 민생당의 엄호를 받아왔기 때문에 성장할 수 있었다.

그러나 이낙연 스스로 자신의 울타리인 민생당을 불살라 버렸다. 이로써 호남인들은 이낙연을 대깨문의 포로로 만들어 버렸다. 4.15 총선을 통해 호남마저 장악한 문재인은 이제 '호남 환심 사기' 전략을 서서히 멈출지도 모른다. 호남 토착 정치세력이 와해되고 그 자리를 친문 친위대들이 차지해 버렸기 때문이다.

이제 이낙연은 대깨문에게 아부하지 않으면 생존할 수 없는 정치 지형에 놓이게 되었다. 이로써 대권주자 이낙연은 자기 색깔의 정치를 펼칠 수 없게 되는 치명적 실수를 저질렀다. 그래서 민주당 압승과 민생당 전멸이라는 총선 결과를 받아든 이낙연이 "두렵다."라고 말했는지 모르겠다. 아무튼 '이낙연 대통령 만들기'를 염원하며 투표한 호남인들은 제 꾀에 스스로 넘어 갔다. "4.15 총선이 큰 실수였다."는 사실을 호남인들 스스로 깨닫는 날이 올 것이다.

그날이 멀지 않았다.

(2020년 4월 18일 새벽)

4.15총선 우파의 패인 2
-'리더 없는 늙은 정당, 공감 못 하는 국민'

4.15 총선의 또 다른 패인은 무엇일까?

답은 "우파정당이 너무 늙었다."는 것이다. 그동안 우파정당은 위기 때마다 당명을 바꾸며 연명해 왔다. 공화당, 민정당, 신한국당, 민자당, 한나라당, 새누리당, 자유한국당을 거쳐 미래통합당에 이르렀다. 우파정당은 당명을 바꿀 때마다 '혁신'을 외쳤지만 '혁신'은 없었다.

우파정당에는 '적폐'가 쌓여 있다. 우파정당 적폐의 핵심은 사명감보다 이기심이 당을 지배하고 있다는 점이다. 오늘날 우파정당은 각자의 욕심을 채우고 이익에 충실한 사교클럽이 되어 버렸다. 우파 기득권 정당은 공화당 18년, 신군부 10년, 이명박 박근혜 8년…어림잡아도 36년을 집권했다.

36년 동안 우파정당에는 이권을 좇는 수많은 하이에나들이 둥지를 틀었다. 그들은 알량한 기득권을 지키기 위해 당의 문을 닫고 그들만의 파티를 즐겼다. 여기에 국민과의 소통은 있을 수가 없었다. 이 썩은 구조를 부숴버릴 리더가 없다. '리더 없는 늙은 정당에 공감 못 하는 국민'이 있을 뿐이다. 이는 국민의 눈으로 본 4.15 총선의 세 번째 패인이다.

(2020년 5월 13일)

"사람은 반드시 큰 업적을 이룩했다고 해서가 아니라 세속에 젖은 마음을 초극할 수 있다면 그는 벌써 명사가 된 것이다."

채근담의 한 구절이 '꽉의 낙서'를 떠올리게 합니다.

어떤 선입관이나 감정에 사로잡힘 없이 냉정한 눈으로 상황을 관찰함으로써 인격과 기품을 그대로 나타내준 '꽉의 낙서'는 주변의 많은 지인들에게 큰 울림이 되어 주었고 '대모산 사령부'는 이번 대선기간 큰 역할을 하지 않았나 생각됩니다.

편견 없는 판단의 '꽉의 낙서'님과 함께 걷게 해주시어 감사했습니다.

-이태식 올림-

(대모산 큰형님, 기업인)

도척(盜蹠)의 道와 윤미향의 罪

중국의 춘추전국시대에 '도척(盜蹠)'이라는 도적떼의 수괴가 있었다. 이 도적떼의 두목은 악독하기로 소문난 자였다. 그런데 악독한 도적떼의 두목에게도 도둑의 도가 있었나 보다.

"도둑에게도 도가 있습니까?"라고 묻는 졸개의 질문에 두목 도척이 5개항의 道를 들어 대답했다.

첫째는 '聖'이다. 聖은 도둑질할 대상을 가리는 것이다.

둘째 '勇'은 앞서 들어가는 것이다.

셋째 '義'는 맨 뒤에서 나오는 것이다.

넷째 '仁'은 훔친 물건을 공평하게 배분하는 것이다.

다섯째 '知'는 훔칠 물건이 어디에 있는지를 알고 담을 넘어가는 것이다.

여기서 도둑의 도리 첫 번째 덕목인 '聖'의 경우, 담을 넘으면 안 되는 곳 5군데를 도둑질 금지구역으로 지정했다.

첫째, 아이들 데리고 혼자 사는 아녀자의 집.

둘째, 喪을 당한 집.

셋째, 독립투사의 집(국가 유공자의 집)
넷째, 성당 교회 절간 등 신을 모시는 곳.
다섯째, 고아원이다.

윤미향이 위안부 할머니들 후원금에 손을 댔다면 윤미향은 도척의 도둑질 도의 금지사항에 딱 걸린다. 다시 말해 위안부 할머니들은 혼자 사는 아녀자들이시다. (할머니집 금지 위반)

윤미향은 김복동 할머니 상사 때 조의금을 개인계좌로 입금 받았다. (喪家 금지 위반)

위안부 할머니는 힘없는 나라의 피해자들이다. (국가유공자 집 금지 위반).

위안부 할머니들 쉼터는 명성교회가 마련해준 일종의 종교시설이다. (종교시설 금지 위반)

수요 집회 성금은 코 묻은 저금통을 깬 돈이다. (어린이 보육시설 금지 위반)

이런 사실로 미루어 윤미향은 도척이 말한 '담을 넘지 말아야 할 집 5곳 금지구역'을 모두 위배한 셈이 된다.

(2020년 6월 19일)

흰 머리 이재명의 출현

이재명은 엊그제(7월 16일) 대법원의 판결로 지옥 문 앞에서 정치판으로 살아 돌아왔다. 때맞춰 박원순마저 사라져 줬다. 이재명은 박원순 지지자들을 향해 "박 시장님과 나는 형님 동생 하는 사이다."라고 하면서 박원순의 표를 잡아당겼다. 이는 이재명의 순발력과 급소를 찌르는 정치 감각을 선보이는 한 마디였다.

그런데 최근 언론에 노출된 이재명의 모습이 白髮로 변해 있었다. 이재명의 흰 머리가 던지고자 하는 메시지는 무엇인가? 한 마디로 쌍욕, 조폭 이미지 탈출이다. 이재명은 친형 정신병원 강제 입원, 전 국민이 다 들은 형수 쌍욕 사건, 김부선과의 간통 통정 의혹 사건, 혜경궁 김씨 파문 등 진짜 '역대 아수라급'이다. 그런데 이번 대법원의 판결이 불량한 이재명 이미지를 많이 희석시켜 주었다.

뿐만 아니라 대법원 무죄 판결은 이재명에게 '밟아도, 밟아도 살아남는 근성이 강한 정치인 이미지'를 만들어 주었다.

그래서 이재명은 이참에 '신뢰받는 정치인'으로 가면을 바꿔쓰고자 白髮로 스타일을 바꾼 것이다. 白髮은 이재명의 본격적인 대권 행보를 알리는 신호탄이다.

이제 이재명은 이낙연과의 한판 승부에 나설 것이다. 대권에서 대세론은 잘 통하지 않는다. 이를 입증하는 것이 이회창, 이인제, 고건, 반기문, 김무성 등의 거품이 순식간에 사라진 사례이다. 그래서 이낙연도 걱정스럽다. 이재명의 현재 2위는 대세론과는 완전 질이 다르다. 이재명 스스로 온갖 고난을 뚫고 자력으로 2위를 차지한 싸움꾼의 성적표이다. 이낙연과 호남인들이 몹시 당황하게 될 것이다.

다만 여권의 남은 변수는 김경수 재판과 조국의 부활 여부이다. 그러다보니 이재명의 '백발 귀환'은 자유진영에도 위협적 존재의 등장인 셈이다. 나라의 품격과 미래가 몹시 걱정된다. 이재명을 상대할 자유진영의 검투사는 과연 누구일까?

(2020년 7월 19일 휴일 아침 비 내리는 대모산을 바라보며)

김종인의 메시지와 통합당 지지율

김종인 통합당 비상대책위원장 출범 후 통합당에 두 가지의 변화가 있다.

첫째는 당이 안정화되어 가고 있다는 것이다. 둘째는 정당 지지율이 30%를 넘어서 민주당과 근소한 차이를 보이고 있는 현상이다.

이러한 변화는 김종인 위원장이 나름대로의 리더십을 발휘하는 데 성공하고 있다는 반증이다. 다른 하나는 문재인 정부의 파국적 실정 덕분이다. 김종인 위원장의 최근 표현처럼 "야당은 원래 여당의 실수를 받아먹고 큰다."고 한다.

어쨌든 통합당의 정당 지지도가 모두 잠든 사이에 도둑같이 급상승을 했다. 민주당과 더블스코어의 격차에서 이제는 역전도 가능하게 느껴지는 국면으로 진입했다(4% 차이). 이러한 여론조사 결과는 앞에서도 언급했듯이 문재인 정권의 공이 크다. 하지만 과거엔 좌파가 아무리 국정을 깽판 쳐도 보수정당의 지지도는 정체 내지 끝 모를 추락만을 거듭해 왔었다.

그렇다면 그동안 통합당에 어떤 변화가 있었기에 민주당에서 이탈하는 중도층의 지지를 받아들일 수 있었을까? 안타깝지만 별로 생각나는 것이 없다. 다만 논란이 되었던 김종인 위원장 발 3개의 메시지가 생각날 뿐이다.

다시 말해 김종인의 첫 번째 메시지는 "보수라는 말을 쓰지 말자." 였다. 이는 '보수'의 정체성 부정이 아니다. 보수가 기득권으로 인식되기 때문에 '보수'라는 용어를 다른 말로 바꾸자는 것이다. 반면 '진보'를 자처하는 세력이 오히려 '퇴행적 집단'이라는 것이다. 말하자면 주사파, 사회주의자, 계급 혁명론자들이 어떻게 '진보'일 수가 있는가? 그래서 '보수'라는 용어를 바꿔서 '보수' 대 '진보'의 프레임에서 벗어나자는 메시지였다.

두 번째 메시지는 '백종원 대선 후보감'이었다.

이는 국민이 식상해하는 황교안, 홍준표, 유승민, 안철수, 오세훈 등을 더 이상 자유진영 대권후보로 거론하지 말자는 주장이다. 그들을 통합당에서 거명하면 거명할수록 통합당이 국민의 정서와 멀어진다는 것이다.

이제는 통합당도 국민이 좋아할 수 있는 신선한 후보를 세우겠다는 메시지를 파격적 방법인 '백종원'을 등장시켜 전달한 것이다.

세 번째 메시지는 '기본소득'이다.

김종인도 기본소득이 재난지원금처럼 당장 실현되지는 않는다는 것을 안다. 다만 선제적으로 '국민기본소득'을 제기함으로써 복지가 좌파의 전유물이 아니라는 사실을 알린 것이다. 나아가 통합당도 국민의 삶을 보살피는 따뜻한 정당이라는 메시지를 중도층과 서민들을 향해 상징적으로 던진 것이다.

이러한 김종인 위원장의 정치적 행보가 잘 먹히고 있는 것인가? 아직 낙관할 수만은 없다. 다만 '도둑같이 찾아온' 통합당 정당 지지율 상승이 고마울 뿐이다. 이러한 국민적 에너지를 잘 모아서 효율적으로 분출시킴으로써 서울시장, 부산시장 보궐선거를 승리로 이끌어야만 한다. 그리고 2022년에는 빼앗긴 정권을 다시 찾아와서 이 나라 이 강산에 새 기운을 돌게 해야만 한다. 그러기 위해 자유진영은 지금부터 긴 호흡을 가다듬어야 한다.

(2020년 7월 20일 장맛비 속에서)

파국으로 치닫는 부동산 폭탄 정책

민주당 원내대표 김태년이 "행정수도 이번에는 끝장을 보겠다."고 한다. 내게는 "이번에 나라를 끝장내 보겠다."는 말로 들린다. 이미 그의 한 마디에 세종시의 부동산시장 둑이 터졌다. 문재인 정권 23번의 부동산 정책은 집 없는 서민들의 삶을 강타한 폭풍우였다.

그래서 서울이 물바다에 잠겨 버렸다. 민주당은 물에 잠긴 서울을 구한다고 (급한 김에) 세종시의 둑을 터뜨려 버렸다. 이번에는 세종시가 물난리를 만났다. 그야말로 온 나라가 물에 잠겨 버렸다.

물난리 속에 오고가는 말도 폭탄 급이다. 이해찬과 김태년의 말을 조합해서 들어보니 '천박한 도시 서울'을 "이번엔 끝장을 보겠다."라는 말로 들린다. 이러다 서울이 '평양' 같아지는 건 아닌지 공포감을 느낄 정도다. 부동산 폭탄에 말 폭탄까지 맞은 대한민국 서민들의 삶은 가히 '민란' 수준이다.

노무현은 "부동산 빼고 꿀릴 게 없다."고 했다. 문재인은 "내가 집값 잡는 건 자신 있다."고 한 사람이다. 노무현은 그나마 솔직했고, 문재인 유체이탈 식 헛소리를 한다. 두 사람의 공통점이라면 서민 대통령 코스프레다.

그러나 따지고 보면 두 사람은 양극화의 진짜 주범이다. 그들의 무모한 부동산 정책이 결국엔 서민들의 희망 사다리를 걷어차 버렸다. (특히 대못 박아 놓겠다던 노무현의 공기관 지방이전 정책은 결국 전국을 부동산 투기장으로 만들었다.)

그래서 "모든 정책에는 선후, 완급, 경중이 있다."는 DJ의 경고를 새겨들어야 한다. "새로운 정책의 집행은 부작용을 먼저 생각하라."는 행정의 달인 고건의 말이 떠오른다.

(2020년 7월 26일 일요일 새벽)

왜 김정은은 문재인에게 그토록 퇴박을 놓는가?

김정은의 문재인에 대한 조롱과 퇴박은 이제 일상화되었다. 처음 "삶은 소대가리 앙천대소"에서 시작하여 이제는 "중뿔나게 끼어들지 말라." '설레발' '호들갑' '바보 신세' 등 입에 담기조차 민망한 험한 말로 퇴박을 놓는다. 이는 무엇을 의미하는가?

첫째, 문재인은 이제 김정은의 대변인 자리에서 파면되었음을 공식적으로 확인시켜주는 것이다.

둘째, 김정은과 문재인의 관계를 다시 설정하자는 것이다. 일테면, 대변인 관계에서 보스와 조직원의 관계로 재정립하자는 신호이다. 즉 자기들은 미국과 대등하게 맞장 뜨는 관계이니 까불지 말고 말 잘 들으라는 압박이다.

셋째, 이제는 주먹이 나간다는 경고성 메시지이다. 다음 차례는 수틀리면 무력 도발하겠다는 것이다. 개인 간에도 처음엔 막말과 쌍욕을 하다 주먹다짐으로 이어진다.

넷째, 대남 적화통일의 강도를 높이는 것이다. 말하자면 남쪽이 그동안 김정은 통치에 얼마나 길들여졌는가를 테스트하는 과정이다.

다섯째, 국지적 도발에 대항하지 못하게 평소 대한민국의 氣를 죽여 놓기 위해서이다.

여섯째, 대한민국을 노예 근성으로 길들인 후 그 다음은 핵무기로 위협해서 손들게 만들기 위한 전략이다. 다시 말해 김정은은 종북 주사파가 장악한 대한민국을 완전 부하로 만들어 가끔 한 방씩 때려도 못 덤비게 길들여 가고 있는 중이다.

어쩌다 나라꼴이 이 지경이 됐는가?

(2020년 1월 13일 매의 눈으로 뉴스 보기)

겁박과 술수로 시장을 이기지 못한다

문재인 정부 들어 아파트 값 잡겠다고 22번의 부동산 대책을 발표했다. 결과는 번번이 실패로 끝났다. 이제는 임대차 3법을 만들고 한편으론 부동산 관련 세금을 줄줄이 인상한다고 야단법석이다. 그뿐 아니라 행정수도를 세종으로 옮겨 서울의 거품을 빼겠다는 것이다.

그렇다면 이러한 집권여당의 무리수는 통할까? 결론적으로 말해서 이러한 정책들은 또 다른 실패를 부를 것이다. 뿐만 아니라 정책의 부작용으로 국민들은 더욱 고달픈 삶을 살게 될 것이다. "집값 잡는 건 자신 있다."고 호언장담했던 문재인표 부동산 정책의 실패를 단언하는 이유는 다음과 같다.

첫째, 겁박으로 시장을 이길 수 없다.

취득세, 종부세, 재산세, 양도소득세를 인상해서 아파트 값 잡겠다는 발상은 시장과 국민을 겁박해서 굴복시켜 보겠다는 것이다. 그러면서도 한편으론 부동산 세금을 인상해서 포퓰리즘 정책을 실행하는 밑천으로 쓰겠다는 모순된 계산을 하고 있는 것이다. 시장은 이런 강압적인 얕은 수를 결코 허용하지 않는다.

둘째, 국민을 편 가르는 정책으로는 시장을 이길 수 없다.

서울 사람과 지방사람, 강남 사람 대 강북 사람, 임차인 대 임대인을 갈라 치는 정책으로는 시장을 이길 수 없다. 그들은 부동산시장에서도 표를 주워 보겠다는 것이지 집값 안정엔 별 관심이 없어 보인다. 시장이 성공하려면 짚신 장사와 우산 장사가 공존·공생해야 하는 것은 기본이다.

셋째, 부정직한 정책은 실패한다.

국민들은 갑작스레 꺼내든 '수도 이전' 카드에 대해 그 저의를 이미 알고 있다. 그러니 시장은 벌써 세종시를 부동산 투기장으로 만들었다. 이러한 쇼는 시장에서 더 이상 통하지 않는다. 청와대 비서진이나 고위관료 등의 부동산 처분을 독촉하는 쇼맨십 발상으로도 절대 시장을 이기지 못한다.

정리해보면 문재인표 부동산 정책은 세금 압박, 빈부 편 가르기, 꼼수 쇼통의 종합선물세트이다. 이러한 정책이 성공할 리 만무하다. 정부는 아파트값 잡고 싶으면 그동안의 정책적 과오를 인정하고 책임자를 교체해서 국민의 신뢰를 얻기 위한 노력이 선행되어야 한다. 그렇게 한 다음에야 시장에서 정책의 약발이 먹힐 것이다.

또한 돈과 부동산이 높은 곳에서 낮은 곳으로 흐르도록 물길을 열어줘야 시장이 안정된다. 문재인 정부가 지금과 같은 정책적 과오를 계속한다면 다음 카드는 사회주의 경제로 진입하는 길뿐이다.

(2020년 8월 3일 서민의 삶을 생각하며)

이해찬의 속도전

"논의보다 속도."

당대표 이해찬의 이 발언 무엇이 문제인가?

첫째, 당내 민주주의를 파괴했다.

정당에서 쟁점 법안에 대해 "논의"조차 봉쇄했다. 그리고 불법 강행처리를 밀어붙였다. 이는 집권여당의 실상과 정체성을 여실이 보여주는 정당 민주주의 파괴 발언이다.

둘째, 의회주의 파괴 발언이다.

국회는 '논의하고 토론'하는 곳이다. 국회법은 논의와 토론을 거친 다음 표결하도록 법률로 정하고 있다. 법률이 정한 토론이라는 민주적 절차를 원천 봉쇄하는 집권여당 대표는 민주주의 파괴자이다.

셋째, "속도전"은 북한 주사파 용어다.

북한에서 최단 기간 내에 최상의 성과를 이룩하려는 사회주의 건설방식을 "속도전"이라고 한다. 김정일이 1974년 2월 당 중앙위원회 5기 8차 전원회의에서 “달리는 천리마 운동”과 함께 북한 주민들을 건설현장으로 내모는 데 사용된 용어가 “속도전”이다. 집권당 대표가 이러한 북한식 용어로 서민의 삶과 의회 민주주의를 파괴하고 있다. 이해찬의 사상은 과연 무엇인지 묻지 않을 수 없다.

(2020년 8월 3일 어젯밤 물 폭탄에 잠을 설치며 “꽉의 장마 막말”)

윤석열의 신의 한 수

윤석열은 황운하를 왜 검찰청으로 부르지 않고 바로 기소했는가?

윤석열은 스스로를 정무감각이 없는 사람으로 평가한다. 윤석열에 대한 세간의 평가도 정무적이라기보다 우직하며 저돌적인 돌쇠 형 인간이라는 이미지인 것 같다. 그러나 사실 윤석열은 꾀주머니이다. (사실 꾀주머니라는 표현보다는 스케일이 크다는 표현이 적합하다.) 윤석열의 출중한 지모와 정무감각을 보여주는 사례가 황운하 기소다.

황운하는 울산시장 부정선거 사건의 핵심 인물이다. 그런데도 피의자인 황운하는 검찰의 소환 요구에 응하지 않았다. 이에 윤석열의 대응은 세상의 예상과 달리 황운하를 대면조사 없이 막 바로 기소했다. 윤석열은 왜 울산시장 부정선거 사건의 핵심 피의자를 더 이상 부르지 않고 기소했을까?

첫째, 윤석열은 자칫 황운하 소환이 검경 갈등으로 국민에 보여질까봐 극도로 조심했다. 다시 말해 윤석열은 황운하가 경찰 정복을 입고 검찰청 포토라인에 서는 상황을 피하고 싶었다. 이는 바로 황운하가 노리는 프레임일 수 있기 때문이다. 검찰인들 어찌 황운하를 직접

조사하고 싶은 욕심이 없었겠는가? 하지만 윤석열은 황운하의 역선전을 의식해서 참았다. 이는 윤석열의 지모와 스케일을 돋보이게 하는 신의 한 수다.

둘째, 이번 울산 부정선거 수사에서 윤석열의 최종 승부처는 황운하가 아니라 문재인이다. 즉 윤석열은 이번 울산 부정선거 사건을 청와대, 민주당, 경찰이 합작한 국민주권 유린의 헌법질서 파괴 사건으로 보고 있다. 윤석열은 검찰총장 취임사에서 "헌법정신을 가슴에 새기겠다."라고 강조했다. 따라서 윤석열은 헌법질서 파괴의 수괴를 잡고 싶은 것이다. 잔챙이를 잡는 데 힘 빼고 싶지 않은 것이다. 즉 윤석열은 울산시장 부정선거의 실체적 진실을 밝혀내면 그 정점에 문재인이 있다고 보는 것 같다. 울산시장 부정선거의 전모가 밝혀지면 황운하는 자동으로 걸려드니 잔챙이에 헛힘 쓰지 않겠다는 것이다. 윤석열의 대범함이다.

셋째, 울산 부정선거는 여러 기관을 엮어야만 큰 그림이 완성될 것으로 보고 있다. 따라서 어떤 특정사건, 즉 황운하가 너무 부각되면 큰 그림의 연결고리가 끊어질 수도 있다. 그래서 핵심 피의자인 황운하를 직접 대면조사하지 않고 일단 기소로 사건을 잡아둔 것이다. 또한, 선거를 앞두고 정치권과의 시비를 피하기 위해 모든 수사를 1월 31일자로 중단시킨 윤석열의 지모와 전략은 이 시대의 제갈량인가, 방통인가?

(2020년 2월 7일)

윤석열의 출사표

윤석열이 정치를 하겠다고 선언한 적은 없다. 그럼에도 요즘 윤석열의 무게감은 어느 정치인보다 더한 거 같다. 또한 추미애와의 한판승부도 아직은 진행 중이다. 그래서인지 모든 언론은 윤석열의 입을 주목한다. 그런데 그의 입에서 “민주주의의 허울을 쓴 독재의 배격”이라는 경천동지할 말이 나왔다. 결국 윤석열은 이 한 마디로 정치권에 전입신고를 한 것 같다.

왜 이 한 마디를 정치판의 전입신고로 보는가?

첫째, 문재인 정권의 급소 중의 급소를 가격해 버렸다. 현직 검찰총장이 정권의 역린을 제대로 건드린 것이다. 문재인 정권과 더 큰 싸움을 각오하지 않고는 던질 수 없는 그야말로 ‘작심 발언’이다. 그래서 정치 전입 출사표로 보는 것이다.

둘째, 윤석열의 격려사는 예사 문장이 아니다. 윤석열은 짧은 격려사 속에 국가, 국민, 민주주의, 헌법정신, 검찰, 법치에 대한 정치철학을 촘촘히 담아냈다.

그래서 정치권 전입신고의 훌륭한 출사표로 보는 것이다.

[추미애의 "對人春風, 持己秋霜"이라는 훈시? 소가 웃을 소리다 (2020-08-05)]

셋째, 중대 결심이 가까워 왔음을 알리는 메시지이다. 다만 때를 기다릴 뿐이다. 그래서 윤석열은 오히려 영상을 배포하지 않았다. 어쨌든 이제 윤석열의 메시지는 화제를 넘어 태풍이 되었다.

윤석열은 스스로 발설한 천기누설의 태풍을 온몸으로 막아내야 할 처지가 되었다.

정치는 말로 하는 싸움이다. 현재 차기 대권 지지도 야권 1위인 윤석열의 말 펀치가 제법 센 거 같다. 하지만 좀 더 지켜보자. 윤석열이 진짜 출사표 던졌다면 윤석열 특유의 뚝심을 기대한다.

"적의 적은 동지다."

(2020년 8월 5일 지루한 장마 속에서)

좌파의 민낯, 임대아파트

지난 4일 정부가 23번째의 부동산 정책을 발표했다. 결국 공공임대 확대 정책을 쓰겠다는 것이다. 그런데 발표가 나자마자 즉각 사단이 터졌다. 그 사단의 주역들은 다름 아닌 좌파의 빅 마우스 급들이었다. 이를 테면 마포의 정청래는 (아무리 대통령 뜻이라도) 마포에 임대 서민아파트 건설만은 반대하겠다는 것이다. 노원구의 우원식도 마찬가지 입장이다. 민주당 소속 과천시장도 반대하고 나섰다.

이는 참으로 괴이쩍은 일이다. 그들은 틈만 나면 자신들이야말로 서민의 이웃이자 친구라고 설레발을 처댔다. 그러나 막상 자신의 지역구에 서민용 아파트를 짓겠다고 하니 서민아파트를 혐오시설 취급한다. 이것이 바로 좌파의 민낯이다.

자신은 강남에 살면서 "누구나 강남에 살 필요는 없다."고 말하는 게 좌파들이다. 그들은 입으론 반미를 외치면서 자녀들은 미국 유학 보내는 데 앞장서는 인간들이다. 그동안 그렇게 '서민 팔이'를 해서 국회의원 해먹은 정치인이 정청래, 우원식이다.

그들의 입에서 "우리 동네에 서민아파트는 안 된다."니, 이건 무슨 말인가? 하긴 그래 그 말이 맞다. 인간은 누구나 좀 더 좋은 환경에서 살 권리가 있으니까. 그걸 위해 선량한 백성들이 노력하며 사는 것이다.

방직 공장 여공 출신 통합당 김미애 의원 말이 귓전을 때린다.

"열심히 노력했는데도 나보고 구질구질하게 살라고 하면 나는 못 산다. 열심히 살아서 내가 잘 살고, 그걸로 어려운 사람을 돕자는 것이 내 생각이다."

그래서 그녀는 보수정당을 선택했다고 한다. 세상 설움 중 집 없는 설움만큼 큰 설움도 없다. 나라의 주택 정책이 걱정이다. 수해 만난 이웃께 위로와 용기를 드리고 싶다.

(2020년 8월 6일, 좋은 세상 바른 세상을 고대하며)

분홍 원피스의 계보

정의당 류호정 의원 국회 등원 의상이 세간의 화제이다. 의정 단상에서 보지 못한 낯선 풍경이다. 그러나 익숙하지 않다고 배척하면 곧바로 꼰대가 되는 세상이다.

굳이 세상 물줄기를 거스르려고 애쓰다 꼰대로 몰릴 필요는 없는 것 같다. 이제 보수정당도 (지킬 것은 지키되) 세상의 변화에 선제대응을 할 수 있도록 노력해야 살아남는다.

아마도 류호정 의원의 의상이 '의원복 자율화' 시대를 몰고 올 것 같다. 더불어 본격적인 국회의원 탈(脫)권위 시대를 선도하는 신호탄이 될 수도 있다. 특히나 박원순 조문을 거부한 젊고 당찬 의원의 반란이라 더욱 의미가 있다.

17년 전 유시민의 '빽바지'가 생각난다. 유시민은 등원 첫날 빽바지를 입고 친구 문성근을 국회로 불러들여 어깨동무를 하고 개선장군 흉내를 냈다. 결국 국회를 놀이터 난장판으로 만들었다는 비난을 자초했다. 유시민의 빽바지는 후일 좌파 內 '빽바지' 대 '난링구'의 권력투쟁 예고편이었다.

국회의원 파격 의상의 원조는 약 160년 전쯤으로 거슬러 올라간다. 주인공은 영국 토리당(보수당, 세계에서 가장 오래된 정당) 소속으로 총리를 2번이나 지낸 '벤자민 디즈레일리'이다. 디즈레일리는 첫 등원 연설 때 '연두색' 연미복을 입고 등장하여 파란을 일으켰다. 그 후 디즈레일리의 요란한 옷차림은 그의 정치적 상징이 되어 디즈레일리의 정치 여정을 도왔다.

이참에 미래통합당도 '국회의원 복장 파괴' '국회의원 권위 파괴'를 선언하고 몇 가지 특권까지 내려놓으면 어떨까 싶다. 왜냐하면 어차피 밀려올 물결이다. 그리고 '국회의원 복장 파괴'를 빌어 국회의원 특권까지 내려놓는다면 진정성의 울림은 더욱 클 것이다.

보수라는 꼰대 이미지를 벗고 개방적 정당 이미지를 심자. 또한 류호정을 비방하는 '박원순 빠'들에게 일침을 가하는 일석 3조가 될 것이다. 모방은 또 다른 방식의 창조이다.

(2020년 8월 7일)

국회의원 4선 연임 제한

우리 사회 혁신의 아이콘으로 상징되는 말이 있다.

"마누라하고 자식 빼고는 다 바꿔라!"

삼성 이건희 회장이 1993년 프랑크푸르트에서 '신(新)경영'을 선포하며 했던 말이다. 그러나 이 말도 이제는 옛 말이 되었다. 2022년 통합당이 집권하기 위해서는 '마누라와 자식'까지 바꾸어야 집권이 가능하다. 왜냐하면 '마누라와 자식의 생각'을 바꾸지 못하면 아버지의 한 표로는 수적 열세를 극복하지 못한다.

그렇다면 어떻게 '마누라와 자식의 생각(여성과 청년의 생각)'을 바꿀 것인가? 이게 통합당 혁신의 핵심 과제이다.

김종인 비대위는 새로 제정되는 통합당 정강정책에 '국회의원 4선 연임 금지 안'을 제시했다. 이를 두고 국민의 기본권인 피선거권의 지나친 제한이 아니냐는 반론도 있는 것 같다. 그러나 이는 기본권 제한이 아니고 공정사회를 위한 정치인의 독과점 금지이다. 한 지역구에서 3선을 했으면 '하방(下放)'을 통해 민심 속으로 들어가기에 '딱 좋은 계절'이다.

통합당의 이런 노력은 기득권 세력이라는 프레임을 벗기 위한 매우 의미 있는 실효적 조치로 본다. 통합당에 (국회의원 4선 연임 제한 외) 몇 가지 추가적 조치를 더 주문해본다.

첫째, 재벌이나 이름난 부자의 공천을 피해야 한다. 예를 들면 정몽준이나 김세연 같은 인물이다. 이들이 우파정당은 부자정당이라는 프레임을 씌운 일등공신들이다. 즉 부자 국회의원이 득실대는 정당에 중도서민의 발길이 머물지 않는 것은 당연하다. "부자가 천국 가기는 낙타가 바늘구멍 들어가기보다 힘든 법"이다.

둘째, 정치인 2세의 아빠 찬스 배제이다. 아버지가 닦아놓은 지역구를 물려받아 국회의원 되는 것은 손 안 대고 코푸는 격이다. 여야를 막론하고 아빠 찬스를 쓰고 있는 의원이 많다.

이들은 현대판 귀족계급이다. 100m 경주를 50m 앞에서 뛰는 것이 불공정의 시작이다. 통합당은 '문희상의 아들'과 '조국의 딸'로부터 배워야 한다. 정치인 2세의 정치권 진입 장벽을 높여야 '여성과 청년의 생각'을 얻을 수 있다.

셋째, 법조인 출신 의원 수를 줄여라. 법조인은 국회나 정당에 꼭 필요한 인재들이다. 그러나 법조인이 너무 많은 정당은 정치적 상상력이 빈곤하고 태도가 건방져진다. 법조인만으로는 '여성과 청년의 마음'을 얻지 못한다.

넷째, 국회의원 권위의식과 특권을 내려놓아라. 마음이 머무는 혁신, 손에 잡히는 혁신이 '여성과 청년의 마음'을 바꿀 수 있다. "통합당의 정당 지지율이 민주당을 꺾는 날 춤을 추겠다."는 후배가 있다. 오늘 때마침 광복절이다. 나도 함께 춤을 추어야겠다. "대한민국 마누라, 자식 바꾸기"를 통해 통합당 혁신 작업이 성공하길 기원한다.

(2020년 8월 15일, 광화문 집회가 있는 광복절 아침에)

우리나라 5대 巨志象

나는 관상을 공부한 사람이 아니다. 그러나 (맞건 틀리건) 내가 보는 거지상이 따로 있다. 그들의 공통된 특징은 자기 사업을 하면 여지없이 망하게 생긴 관상을 가지고 있다. 그렇지만 그들은 종종 공직에서 이름을 낸다. 그러나 거지상을 갖고 나랏일을 맡으면 나라는 어찌 되겠나? 그들이 득세하면 국운이 쇠잔하게 된다. 우리나라 5대 거지상을 꼽아 보겠다.

현존 거지상의 원조는 OOO이다. 그러나 OOO은 일찌감치 꼴을 바꾸기 시작한 케이스에 해당된다. 그는 YS에 의해 통일 부총리가 되면서부터 거지꼴을 벗기 시작해서 이제는 제법 때깔이 난다.

두 번째는 거지대왕 OOO이다. 그는 하관이 급하고 입주변이 걸어서 영락없는 거지상이다. 말도 거칠다. 그러나 이마의 一字 주름이 그를 거지왕초로 만들어 주었다.

세 번째 거지상의 주인공은 OOO이다. OOO은 음색에 거지 근성이 들어 있었다. OOO은 목소리가 칼칼하지 못하고 애매모호했다. 그가 시민단체의 '영끌 협찬왕'으로 등극한 것은 그의 거지 근성이 깃들어 있는 음색 때문이었다.

네 번째 거지상은 청와대 정책실장 OOO다. OOO는 오리지널 거지상이다. 여기에 모사꾼 재주도 겸비한 상이다. 그러니 OOO에게서 탈(脫)원전 정책, 소득주도정책, 부동산 세금 폭탄정책 등 하나같이 나라 거덜 내는 정책이 나오는 거다.

다섯째 거지상의 끝판 왕 OOO이다. 그는 거지상에다 독기까지 겸비했다. OOO의 얼굴로는 얻어먹기는커녕 스스로의 쪽박을 깨는 象이다. 집권여당의 당대표가 물러나면서 할 말이 겨우 '20년 집권'뿐인가? 그는 보수 궤멸을 마구 외쳐댔다.

"국민 여러분! 얼마나 힘드세요? 우리 모두 힘내서 코로나를 극복합시다!"

이렇게 말하고 떠날 수는 없나? 그래서 쪽박 깨고 떠나는 거지상이라고 본다. 아마도 민주당 쪽박은 OOO이 깰 것 같다. 답답한 세상 힘내시라고 씝어 봤습니다.

OOO은 퀴즈입니다.

(2020년 8월 30일 대모산 정상에서)

추미애는 불쌍한 여자다

왜냐고요?

첫째, 가난한 세탁소 집 딸이다.
둘째, 경상도 여자가 민주당 가서 호남의 굴레에 갇혀 살고 있다.
셋째, 광주 가서 삼보일배 하느라고 무릎 관절 다 나갔다.
넷째. 아들까지 무릎 수술 받았다.
다섯째, '추빠'가 거의 없다(조국은 조국 수호 '개국본'이라도 있는 데)
여섯째, 그동안은 이해찬이 잘 봐줬는데 이낙연은 손절한다.
일곱째, 같은 여자인 박영선에 서울시장 경쟁에서 패했다
여덟째, 윤석열과 싸우면서 국민 밉상이 되었다.
아홉째, 결국 토사구팽이 되었다.

이 어찌 불쌍치 아니한가?
이 모두 '인성' 탓이다(판관 김종인의 명언).
(2020년 9월 9일, 깊어가는 가을밤에)

이낙연의 영혼 없는 껌 값 2만 원

이낙연이 새 당대표가 되고 나서 문재인과 엄중하게 첫 대면을 가졌다. 첫 회동의 알맹이는 전 국민에게 껌 값 2만 원씩 9,800억 원을 뿌린다는 것이다.

다른 이야기는 몽땅 하나마나한 소리였다. 이 엄중한 시기에 청와대 회동의 결과물이 겨우 영혼 없는 껌 값 돌리기인가?

아마도 이재명의 경고가 무서웠나 보다. 그러니 사람들은 요번 추석 떡값 2만 원은 이낙연이 주는 게 아니고 이재명이 주는 거라고 한다. 과연 포퓰리스트의 대마왕 이재명다운 솜씨다. 재주는 곰이 부리고 돈은 되놈이 걷어가는 꼴이다.

그런데 이재명보다 고수가 있다. 원조는 북한 어린이들에게 눈깔사탕 돌리며 어버이 수령을 외치게 했던 김일성이다. 우리는 어쩌다 명절 때 문재인에게서 껌 값이나 받는 존재로 전락했는가?

(2020년 9월 10일, 한가위를 앞두고)

이낙연의 고립

깊어가는 가을 따라 이낙연의 고립도 깊어만 가고 있다. 근엄 엄중 이낙연이 민주당 당대표가 되자마자 매복되어 있던 적들이 발호하고 있다. 문재인과 합작으로 만든 '껌 값 2만 원'은 이재명에 이어 김경수까지 태클을 걸고 나왔다.

'영혼 없는 껌 값 2만 원'에 청와대는 빠지고 이낙연만 독박을 쓰고 있다. 그러나 어차피 '영혼 없는 껌 값'이니까 국민세금 9,800억 원으로 돈 잔치하고 끝내면 된다.

진짜 복병은 추미애다. 집권여당의 실세 당대표라면 지금쯤은 문재인과 독대해서 추미애를 내치고 민심을 수습해야 하지 않겠나? 그래야 차기 대권후보로서의 위용이 선다. 이낙연도 그러고 싶을 것이다. 하지만 누가 고분고분 이낙연의 말을 듣겠나? 이낙연의 말은 추미애한테 택도 없는 얘기다. 이빨도 안 들어가게 생겼다. (이해찬이라면 몰라도.)

그렇다고 문재인이 추미애를 섣불리 건드렸다간 큰 화를 입을지 모르는 상황이다. (이는 문재인의 조국 감싸기 부메랑이다.) 이쯤 되면 추미애 사태는 문재인의 본격적인 레임덕을 알리는 신호탄이 되겠다. 이낙연은 추미애 사태로 인해 대권후보의 자질을 결정적으로 의심받게 되었다. 이낙연은 지난 봄 40%의 지지율을 넘나들 때가 그야말로 봄날이었다.

이제 그 화려했던 봄날은 가고 가을이 깊어가고 있다. 깊어가는 가을과 함께 이낙연의 고립도 깊어만 가고 있다. 그래서 4.15 총선 결과를 보고 뭐라고 했던가? 민생당의 씨를 말린 호남인의 투표는 "호남인 스스로 자기 발등을 찍는 큰 실수를 했다."고 하지 않았던가? 호남인 들이 우르르 달려가서 민주당에 몰표를 줄게 아니라 이낙연을 지켜줄 민생당 5석만 살려놨었다면 지금쯤 이낙연은 큰소리치며 대권가도를 질주하고 있을 것이다.

역사에 가정은 없다지만 나의 예측이 너무 빨리 입증되는 것 같아 씁쓸하다. 좌우지간 깊어가는 가을과 함께 이낙연의 고립도 깊어만 가고 있다. 그러다보면 정치는 생물이라고 정계개편의 빅뱅이 터져서 이낙연이 김종인에게 구원의 손을 요구할지 모를 일이다.

(2020년 9월 14일)

김종인 위원장님! 보수의 새 이름은 무엇입니까?

국민의힘 김종인 비대위원장은 '보수자유우파'의 틀에서 벗어나자고 한다. '탈이념정당'을 해보자는 것 같다. 그래서 보수 대신에 '진취적 정당'이라는 표현을 쓴 적도 있다. 김 위원장은 왜 이러한 정치적 실험을 강행하는 것인가? 김종인 위원장이 행한 지금까지의 발언을 통해 짐작해보자.

첫째로 김종인 위원장은 보수 대 진보 프레임에서는 보수가 승리할 수 없는 시대라는 것이다. 그는 시대의 흐름을 강조한다. 유권자들이 '보수'를 '늙은 기득권'으로 보는 반면, '진보'는 '젊음과 개혁'으로 받아들이고 있다는 것이다. 이 프레임에서 벗어나기 위해 부득이 '보수'라는 이름을 버리자는 것이다

둘째, '시장과 자유'의 문제다. 김 위원장은 국가의 역할 가운데 복지와 분배를 강조하는 경제민주화의 전도사이다. 이러한 그의 생각은 '반(反)기업(?) 3법'에 대한 접근방식에서도 잘 증명되고 있다. 그러니 국민의힘은 '시장과 자유'를 강조하지도 않는다.

셋째는 '우파'이다. 국민의힘을 이끌고 있는 김종인 위원장은 정치적 스펙트럼 상 분명 우파는 아니다. 중도 정도로 분류하는 것이 타당할 것 같다. 다만 그는 한국에서 정치적 좌우 대결을 동의하지 않는 것 같다. (한국정치에서 좌우 대결은 6.25전쟁의 산물처럼 느껴지는 부정적 이미지가 강한 측면도 있음.) 그래서인지 그는 좌우를 넘나들며 비상대책위원장을 하고 있다. 결국 '국민의힘'을 우파정당이라고 부르기도 어렵게 되었다.

문제는 이제부터이다. '국민의힘'이 '보수' 딱지를 떼고 있는 중이라면 보수를 대신할 새 이름을 즉시 내놓아야만 한다. 그래야 기존 보수가 새로운 깃발 아래 뭉칠 것 아닌가? '국민의힘'은 혁신의 이름으로 '보수+자유+우파'의 알맹이를 모두 버렸다. 그리고는 무엇으로 채울지 답이 없다. '국민의힘'이 누구의 정당인지 문패가 없는 꼴이다.

왜 이 문제를 재론하는가?
('국민의힘' DNA 분석 등에서 이미 거론한 바 있음.)

첫째는 '국민의힘' 주변을 배회하는 갈 곳 없는 기존 보수 세력이 안타까워서다. 둘째는 김종인 호의 탈(脫)이념 정당 시도가 갈수록 위태롭게 진행되고 있기 때문이다. 이러다간 '국민의힘'이 '보수자유우파'가 떠난 껍데기 정당이 되게 생겼다.

다시금 보수자유우파의 분열을 걱정한다. 그렇게 되면 서울시장 선거와 대선은 물 건너 가게 된다. 이해찬의 '20년 집권' 이야기가 현실화되는 순간이다. 민심은 요동치고 있다. 지금은 묻지도 따지지도 말고 반문정당 하나로 뭉쳐서 시대의 불공정과 싸울 때라고…. 다만 문패 없는 야당이 안타까울 뿐이다.

(2020년 9월 23일)

누가 박지원을 국정원장으로 추천했을까?

정말 궁금한 질문이 아닐까 싶다. 80 노정객인 박지원이 단박에 문재인 정권 권력 핵심부에 진입했다. 그것도 과거 한때는 문통과 온갖 험한 언사를 주고받던 문모닝 관계였다. 그런 박지원이 문재인 정부의 핵심 요직을 꿰찼다. 아무도 예상하지 못한 '깜짝 충격인사'였다.

이 '깜짝 충격 쇼'는 김여정의 개성공단 테러로 막을 올리고 대북송금 주역 박지원의 등장으로 제1막이 내렸다. 어쨌든 '웬 박지원 이야기인가?' 할 수도 있다. 그러나 요즘 삐걱거리는 청와대를 보면서 청와대 인사 권력의 실세가 한층 궁금해졌다. 이 나라의 권력 실세는 과연 누구인가? 내가 청와대 앞마당도 못 가봤으니 알 턱이 없다. 그저 재미로 해보는 상상이다.

가설1.

김정숙 입김은 없었다. 혹시라도 안주인이 개입할 여지가 있었다면 박지원은 탈락했을 것이다. 왜냐하면 손혜원이 ""박지원 국회의원 되는 것조차 도시락 싸들고 다니며 훼방 놓겠다." 했는데 국정원장이 말이 되나? (참고로 손혜원과 안주인은 절친 사이로 알려져 있다.) 어쨌든 손혜원이 박지원한테 한 방 먹었다.

가설2.

친문의 추천은 더더욱 아니다. 조국이나 양정철 등이 박지원 알기를 흑사리 껍데기 정도로 여길 거다. 박지원의 등장으로 일단은 이낙연에게 유리한 형국이 조성됐다고 본다.

가설3.

청와대의 공식 정무 라인에서 추천했을 가능성은 극히 희박하다. 왜냐하면 노영민이 박지원이라는 흘러간 물을 굳이 필요로 할 이유가 없다. 뿐만 아니라 노영민이 혼자 힘으로 박지원을 불러들일 배짱도 힘도 없다.

가설4.

이해찬 가능성이다. 그러나 이해찬과 박지원은 뿌리부터 다르다. 이해찬은 친노의 운동권 좌장이다. 운동권 좌장이 흘러간 물 박지원을 추천하는 것은 친노의 자존심 문제이다.

가설5.

딱 한 군데 짚이는 곳이 있다. 문정인, 정세현, 임종석 그룹이다. 박지원은 대북용 카드이다. 왜냐하면 첫째 정세현은 문통이 의장으로 있는 민주평통의 부의장이고 임종석은 특보다. 문재인의 대북문제

런너 코치인 셈이다. 이들은 문통과 수시로 만나고 자문하는 사이일 것이다. 둘째 정세현은 DJ 시절 통일부장관을 두 번 역임했다. 당시 박지원은 청와대 비서실장이었다. 두 사람은 서로 밀고 끌고 하는 사이였을 것으로 짐작된다.

셋째 상황이 딱 맞아 떨어진다. 아마도 문재인은 김여정의 '테러 깜짝 쇼'가 있은 직후 특보단 의견을 수렴했을 것이다. 이 자리에서 정세현, 임종석은 '박지원 국정원장'을 출구 전략 카드로 꼽은 것 같다. 아마도 이 자리에는 정세현, 문정인, 임종석, 서훈, 정의용 등 대북라인이 총출동한 자리가 아니었겠나 싶다. 그리고 북에서 '개성공단 연락사무소 폭파'라는 초강력 신호를 보냈는데 남쪽이 알아서 기는 것은 이제 이상한 일도 아니다.

연락사무소 폭파 후 어떤 라인을 통해서든 북측과의 대화가 있었을 것으로 짐작된다. 그 결과물이 대북 송금 주역인 박지원 국정원장 낙점이 아닌가 싶다. 그렇다면 생각해 볼 여지가 많은 대목이다.

(2020년 8월 13일)

국가와 광부 양창선 구하기

1967년 충남 청양의 구봉광산에서 갱도가 매몰되는 사고가 발생했다. 광부 양창선 씨는 이 사고로 갱내 125m 지점에 혼자 고립되어 있다가 16일 만에 극적으로 구조되었다.

광부 양찬선 씨는 매몰사고 세계 최장 시간 생존자로 기록될 만큼 인간 생존능력의 초인적 한계를 보여준 사람이었다. (이후 삼풍백화점 매몰자가 기록 갱신함.)

다행스럽게도 갱내에 설치되었던 전화기가 연결되어 당시 양창선 씨의 구조소식은 라디오 전파를 타고 스포츠 중계방송처럼 전 국민에게 실시간으로 전달되었다. 위로는 박정희 대통령으로부터 중학교 1학년생인 나에 이르기까지 온 국민이 그의 생환을 기도했었다. 국민의 성원뿐만 아니라 대한민국 정부의 노력 또한 대단했었다.

정부는 생사 여부가 불투명한, 지하 125m에 갇힌 광부 한 사람을 살리기 위해 할 수 있는 최선을 다했다. 미군의 첨단장비와 기술도 지원받았다. 대한민국은 아직 가난한 때였다. 그러나 한 사람의 국민 생명을 지키기 위해 어떠한 희생과 비용도 지불하겠다는 국가다운 의지를 갖춘 나라였다. 지금으로부터 반세기전 이야기이다. 그때는 나라에 나라다운 기운이 넘쳐났다.

당시 나의 중학교 1학년 사회 선생님은 양창선 씨의 구조를 보고 이렇게 말씀하셨다.

“학생들! 잘 기억해라. 이것이 자유민주주의다. 김일성 치하에서는 그냥 죽게 내버려둔다. 민주주의는 이처럼 한 사람을 존중하는 것이다.”

그러나 오늘은 너무나도 슬프다. 대한민국 공무원이 32시간을 칠흑 같은 바다의 공포와 싸우다 끝내는 참혹한 최후를 맞았다. 그분을 생각할 때, 그분의 영혼을 말없이 위로하고 싶을 뿐이다. 나랏님을 원망할 기운도 없다. 그러나 나라가 붕괴되고 있음에 분노한다.

(2020년 9월 25일)

그루밍의 함정

대한민국 국민 한 사람이 33시간을 죽음과 맞서며 서해 바다를 떠다녔다. 그러다 만난 것이 소위 동족이라는 북한군이었다. 그는 살려달라고 애원했을 것이다. 그러나 그에게 돌아온 것은 10발의 총알과 화염 세례였다. 그날의 화염 세례는 3시간 넘게 이어졌다. 대한민국 국군은 이를 수수방관했다. 이는 대한민국 국군의 입으로 실토한 사실이다. 지금은 그의 원혼만이 서해의 구천을 떠돌고 있을 뿐이다.

김정은 집단의 동족을 상대로 한 천인공노할 범죄 행위다. 그리고는 협박 반 사과 반의 정체불명 지령서를 남쪽 대통령에게 내려 보냈다. 이 지령서에 감읍하여 만행은 온 데 간 데 없어졌다. 남쪽 대통령은 아직도 잠을 자는지 아니면 공연장에 간 건지 코빼기도 볼 수가 없다.

아마도 남쪽 대통령이 김정은이 파놓은 '그루밍의 함정'에 빠진 것 같다. 그러니까 이 상황에서도 꿀 먹은 벙어리 행세를 하는 게 아닌가?

김정은은 2018년 능라도경기장으로 남쪽 대통령을 부르면서부터

'그루밍의 함정'을 파기 시작하였다. 이는 김일성 때부터 내려오는 그들의 전통적 수법이다. 김구, 김대중, 노무현도 하나같이 당해야 했던 통과의례였다. 그들은 환영, 우대, 이용, 숙청의 공식을 갖고 있다. (만경봉호 북송선 승선자에 적용된 공식임.)

김정은은 지금도 철저하게 이 공식에 따라 남쪽 대통령을 대하고 있다. (그동안의 문재인과 김정은 사이에 이 공식을 적용해보면) 평양 15만 군중의 열광은 환영, 평창 동계올림픽 참가는 우대, 남쪽 대통령을 한밤중에 판문점으로 부른 것은 이용이다. 삶은 소대가리부터는 숙청의 단계에 접어들은 것이다.

지금은 이용과 숙청이 일상화된 '그루밍 단계'이다. '그루밍 단계'의 가장 큰 특징은 맞으면서도 저항하지 못한다는 점이다. 최고 지도자가 그루밍 상태에 빠지면 '국민생명의 존엄' 온 데 간 데 없고 오로지 북녘 땅 '최고 존엄'만이 존재하게 된다.

문 대통령은 지금 평화 타령을 할 때가 아니다. 이미 환영과 우대의 단계를 지나 이용과 숙청을 반복해도 저항하지 못하는 자신을 똑바로 볼 수 있어야 한다. 서해 바다의 구천을 헤매고 있을 불쌍한 원혼이 이를 가르쳐 줄지도 모르겠다.

(2020년 9월 28일)

"사람이 먼저다!"의 뿌리

"사람이 먼저다!"는 문재인의 정치 선동에 등장하는 단골 메뉴이다. 얼핏 들어보면 문재인이 사람을 끔찍이 생각하는 대통령인 것처럼 들리게 하는 그럴싸한 구호다. 그러나 실제는 "내 사람이 먼저다."라고 이해하는 것이 정확한 해석이다.

조국, 윤미향, 추미애가 먼저이다. '대깨문'이 먼저이지 일반 국민은 관심 없다.

김정은이 먼저이지 국민은 총 맞고 불타 죽어도 별 관심 없다.

그렇다면 이놈의 '사람이 먼저다.'는 어디서 굴러온 귀신 씨 나락 까먹는 소리인가? 그 뿌리를 캐보자.

"사람이 먼저다!"의 원조는 김일성이다. 김일성 주체사상을 선전선동하면서 북한 인민들을 사탕발림하는 데 사용하였던 구호이다. 이 구호의 국내 전파자는 전(前) 한국일보, 한겨레신문 시카고 주재 기자 조광동이다.

이 구호는 재미 언론인 조광동 씨가 1991년에 쓴 『더디 가도 사람 생각 하지요』라는 평양답사기의 책을 통해 좌파 운동권에 알려지기 시작했다.

조광동 기자는 자신이 쓴 평양답사기에서 "우리는 더디 가도 사람 (먼저) 생각한다."는 궤도전차(당시에도 낙후된 교통수단) 운전사의 말에서 책 제목을 뽑았다고 쓰고 있다.

이 책이 1990년대 대학가 운동권의 베스트셀러가 되면서 '사람 먼저'는 좌파의 단골메뉴가 되기 시작했다.

(부연 설명을 하자면 1991년도는 일반인의 북한 여행은 꿈도 못 꾸던 시기였다. 아마도 조광동 씨는 북한체제를 이해 내지 옹호하는 입장에서 평양방문기를 쓰는 조건으로 방북 허가를 받았던 것 같다. 어쨌든 북한이 조광동 씨를 '민족의 기자'라고 칭송한 바 있음.)

그러나 그 후 조광동씨의 칼럼이나 미국내 활동은 전혀 다른 모습이다.

두 번째 줄기는 노무현의 "사람 사는 세상"이다. 노무현은 1988년에 부산에서 13대 국회의원 선거에 출마했다. 이 선거의 슬로건이 "가자! 노무현과 함께! 사람 사는 세상으로!"였다.

노무현은 이 선거에서 처음으로 국회의원이 된다. 그때부터 노무현은 '사람 사는 세상'이라는 구호를 갖게 된다. 그래서 지금도 노무현재단의 구호가 '사람 사는 세상'이다. 이후 노무현은 '사람 사는 세상'이란 구호 아래 '노사모'를 탄생시킨다.

결론적으로 문재인은 주사파의 '사람 (먼저) 생각하지요.'와 노사모의 ‘사람 사는 세상’을 합쳐서 ‘대깨문’과 ‘사람이 먼저다.’를 만들었다. 이 ‘대깨문’과 ‘사람이 먼저다’ 역시 문재인 개인숭배 맹종에서 한 치도 벗어나지 않는다. 그래서 우리는 ‘대깨문’과 ‘사람이 먼저다.’가 깽판을 치는, 한 번도 경험하지 못한 세상을 살고 있다.

(2020년 10월 14일)

말과 소리

인간이 입으로 토해내는 것에는 소리와 말(言)이 있다. '소리'는 단순히 진동이 귀청을 자극하는 현상이다. 그러나 '말'은 '소리'와 다르다. 사람의 생각이나 느낌을 머리로 정리해서 입으로 나오는 소리를 '말'이라고 한다.

요즘 문재인 대통령의 입으로 나오는 것은 '말'일까, '소리'일까? 아무리 들어봐도 '소리'이다. 왜냐하면 "아파트 값은 내가 자신 있다." "13평 임대아파트 4인 가족." "경제가 좋다." "터널의 끝이 보인다." 이런 게 다 영혼 없는 '소리'에 해당된다. 세간에서는 이를 가리켜 '새소리' 또는 '개소리'라고 한다. 그런데 이 나라의 대통령은 왜 외계인의 언어를 사용하는가? 답은 A4 용지에 있다.

언어는 가슴으로 느끼고 머리로 정리해서 입으로 나와야 한다. 그러나 A4 용지에는 가슴과 머리가 없다. 오로지 남이 써준 것을 입으로 읽을 뿐이다. 그러니 '말'이 아닌 '소리'가 되는 것이다. 이런 잠꼬대 같은 '헛소리'의 특징은 말하는 사람도 무슨 뜻인지 모르고 지껄인다는 것이다. A4 용지가 '말'이 되는 한 가지 방법이 있다. 무조건 외우는 것이다.

대통령은 (설혹 참모가 적어준 A4용지를 읽을지라도) 자신의 언어로 말할 줄 알아야 한다. 참모가 써준 원고를 수없이 읽고 질문하고 검증하고 고쳐서 자신의 언어로 만들어야 한다. 그래야 비로소 '소리'가 '말'이 된다. 대통령이 매우 게으른 것 같다.

(2020년 12월 15일)

누가 판을 키웠는가?

문재인이 윤석열과 추미애의 싸움에서 바톤을 이어받게 되었다. 문재인 對 윤석열의 싸움으로 판이 커져 버렸다. 문재인은 검찰총장과 싸운 대통령으로 역사에 기록될 망신을 당하게 되었다. 대통령이 어쩌다 이런 시궁창에 빠지게 되었는가? 문재인이 수렁에 빠지게 된 몇 번의 결정적인 변곡점이 있었다. 이 변곡점을 살피다 보면 싸움의 배후가 보인다.

첫 번째 시발점은 조국 법무장관 임명 강행이었다.

조국의 딸이 (고등학생 신분으로) 학술논문의 제1저자로 등재된 사실이 언론에 터졌다. 국민 여론이 들끓기 시작했다. 급기야 광화문에 100만 시민이 집결했다. 이를 무시한 문재인의 똥고집이 오늘의 禍를 자초한 첫 번째 변곡점이다.

두 번째 변곡점은 추미애 임명이다.

문재인은 추미애를 법무장관으로 임명하면서 윤석열 제압의 밀명을 내렸다. 즉 살아있는 권력에 대한 수사를 막는 게 추미애 임무였다. (검찰 개혁은 위장전술) 강성 추미애를 선봉장으로 세운 것이 문제를 키운 두 번째 변곡점이다.

세 번째 변곡점은 추미애 아들이다.

추미애는 아들 문제가 터졌을 때 흔들렸다. 이낙연이 이해찬에 이어 당 대표로 취임한 직후의 사건이다. 이때 이낙연이 기세를 몰아 추미애 경질 건의 카드를 만지작거렸다. 그러나 이해찬이 추미애의 보호막이 되어준 것 같다. 상황은 급반전했다. 이후부터 이낙연은 당의 바지 사장으로 전락하고 지지율도 하향세로 전환된다.

(여기가 이낙연의 승부처였다. 사람들은 이 대목에서 결정적으로 이낙연이 대통령 할 배짱이 못 된다고 평가했다. 이낙연이 이를 알기나 하는지? 만약 그때 이낙연 주도로 추미애를 경질시켰다면?)

이후 민주당과 추미애는 같은 배를 타고 돌아올 수 없는 강을 건너게 된다.

네 번째 변곡점은 (이해찬의 오더 이후부터) 추미애의 윤석열 인사권 박탈 작전이었다. 이름 하여 '미치광이 전략'이다. 추미애는 윤석열을 식물 총장으로 압박하면 항복할 것으로 오판했다. 그러나 결과는 윤석열의 맷집만 키웠다.

다섯 번째 변곡점은 국감장의 윤석열 반격이다.

윤석열은 "흔들리지 말고 임기를 마치라."는 대통령 메시지를 국감장에서 전략적으로 공개한다. 그것도 '적절한 메신저'라는 말을 덧붙여서…. 대통령 문재인의 이중 플레이와 비겁한 인간성을 적나라하게 노출시키는 장면이었다.

세간에서는 '적절한 메신저'는 양OO을 지목하고 있다. 문재인과 양OO이 동시에 딜레마에 빠지게 되는 변곡점이다. (주진우와 김용민 싸움을 유발시켜 좌파 분열 조짐도 보임)

여섯 번째 싸움은 윤석열 징계카드였다.

이 싸움의 결과는 '정직 2개월'이라는 초라한 성적표였다. 추미애는 F학점을 받는다. 윤석열의 적수가 되지 못했다. 결국 '불쌍한 그녀'는 문재인 일당으로부터 토사구팽 당하는 신세가 되었다.

이제부터는 문재인 차례다.

문재인은 그동안 여섯 번의 변곡점을 거치면서 무엇을 했는가? 수수방관으로 일관했다. 대통령직 직무 放棄이다. 그 업보로 인해 문재인은 자신이 임명한 검찰총장과 맞장을 떠야 하는 수모를 겪게 되었다. 문재인을 사지로 내몬 간신들이 있다. 변곡점에 등장하는 자가 간신이다.

간신에게 휘둘리는 者는 대통령 깜이 못 된다.

(2020년 12월 18일)

안철수의 등판

안철수가 서울시장 출마를 선언했다. 출마 선언의 핵심 키워드는 반문, 결자해지, 후보단일화, 서울시장 선거 승리, 정권교체이다. 꼭 필요한 말을 했다. 그러나 정치란 공부와 달라서 몰라서 못 하는 것이 아니다. 정치는 항상 상대방이 있다. 그 상대가 내 뜻대로 움직여지지 않기 때문에 어려운 것이다. 앞으로 안철수가 넘어야 할 관문은 과연 무엇인가?

첫 번째 관문은 '김종인'이다.

김종인과 안철수의 舊怨은 2011년 청춘 콘서트 멘토에서부터 시작된다. 안철수의 멘토는 화려했다. 김종인, 윤여준, 최장집, 법륜, 박경철 등이 소위 말하는 안철수의 책사들이었다. 어느 날 안철수는 방송에 나와 "윤여준(김종인) 같은 멘토는 300명도 넘는다."는 의도된 실언을 한다. 이는 안철수의 홀로서기 선언이었다. 이후 김종인과 안철수는 찝찝하게 결별한다. 그로부터 10년의 세월이 흘렀다. 두 사람은 막다른 골목에서 다시 만나게 되었다. 서울시장 야권 후보 단일화의 외통수 길에 마주섰다. (안철수는 김무성의 마포포럼과 교감

한 듯하다.) 정치인 안철수가 넘어야 할 첫 번째 관문은 옛 사부 '김종인의 벽'이다.

두 번째 관문은 여론조사 지지율이다.

"정치는 명분이다."라는 말이 있다. 앞으로 여론조사 지지율만이 안철수를 지켜낼 수 있는 명분이 될 것이다. 당장 이번 주 여론조사 결과가 관심이다. 안철수가 지지율 1위를 해야만 야권 단일후보의 명분이 된다. 안철수는 국민의 힘에 뿌리가 없다. 따라서 안철수는 여론조사에서 밀리는 순간 바로 철수 당한다.

세 번째 관문은 단일화이다.

이번 선거의 관건은 야권 단일화이다. 양측은 일단 기(氣) 싸움이다. "국민의힘에 입당하라."에 대해 안철수는 "서울시 범야권 연립정부(案)"으로 대응했다. (일종의 나눠먹기로 들릴 수 있는 소리다.) 어쨌든 안철수는 꼬리가 몸통을 흔드는 '벼랑 끝 전술'을 구사할 것이다. 단일화는 안철수의 정치력을 검증하는 제3의 관문이다.

결론은 안철수가 야권 단일화를 전제로 서울시장 선거판의 볼륨을 키웠다. 국민은 단일화의 과정을 감시하면 된다. 아주 잘 된 일이다. 여권도 긴장하는 모습이 역력하다.

안철수는 청년과 중도층에 강점을 가진 후보이다. 청년과 중도층은 국민의힘이 스스로 가까이 가기에는 너무나 먼 당신이다. 안철수를 잘 살려서 시너지 효과를 내야 한다.
(2020년 12월 22일)

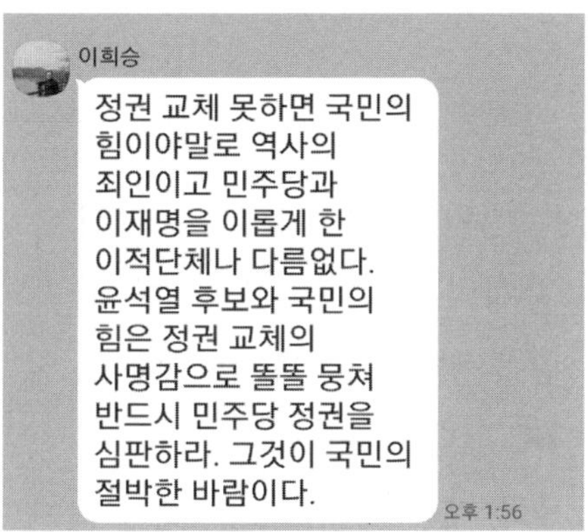

반(反)市場주의 실패 사례

김대중은 1997년 12월 19일 어둠이 채 가시기도 전, 대통령 당선자 신분으로 일산 자택의 대문을 나섰다. 온 국민의 눈은 대통령 당선자인 김대중의 입을 향했다. 대통령 당선자 김대중의 첫 마디는 '민주주의와 시장경제'였다.

문재인 정권은 기회 있을 때마다 김대중과 노무현 정신을 승계한 정권이라고 떠벌인다. 그러나 실제는 '민주주의와 시장경제'를 철저히 짓밟고 있는 정권이다. 요즘 이슈가 되고 있는 백신 문제도 反市場 정책의 결과물이다. 시장은 수요와 공급이 만나는 곳이다.

백신의 수요는 넘치고 공급이 부족할 것이라는 예측은 아주 초보적이고 유치한 예측이다. 다시 말해 전 인류적 팬데믹 현상 앞에서 코로나 백신시장은 필연적으로 수요공급 불균형에 의한 병목 현상이 발생하게 되어 있었다. 정부는 이러한 시장의 원리를 看過하고 거짓말과 오만함으로 일관했다. 결과는 어떤가? 내년 가을에나 화이자 백신이 들어온다고 한다. 이는 문재인 정부가 '反市場的 무능 정부'라는 증명서에 해당된다. 문재인 정권의 반시장주의의 폐단은 비단 백신뿐만이 아니다.

문재인 정권은 아파트 정책에서도 反市場 정책을 즐긴다. 대표적인 例로 임대차 3법 밀어붙이기 속도전이었다. 결과는 부동산시장에서 수요공급 병목 현상이 발생했다. 아파트값은 다락같이 오르고 전세는 씨가 말랐다. 고통은 고스란히 서민의 몫이었다.

그뿐이 아니다. 문재인 정권은 마스크 대란에서도 시장의 역습을 받아 혼쭐이 난 바 있다. 그러고도 시장이 주는 메시지를 알아듣지 못한다. 이제 막가파 정권은 변창흠의 국토부장관 임명을 강행할 태세이다.

경자년도 저물어가고 있다. 김대중의 첫마디가 왜 "민주주의와 시장경제"였는지를 되짚어보기 바란다.

(2020년 12월 24일 성탄 전야)

윤석열 징계 실패 이유

윤석열 찍어내기 실패의 후폭풍이 만만치 않다. 여권은 똥오줌을 못 가리는 중이다. 추미애는 윤석열 징계 실패의 책임으로 토사구팽을 당하게 되었다. 추미애는 왜 윤석열 찍어내기에 실패했을까? 대답은 간단하다.

첫째, 추미애는 정치를 지저분하게 배웠다.

추미애의 정치 멘토는 이해찬인 것 같다. 추미애는 이해찬으로부터 오만불손(傲慢不遜)부터 배웠다. 국민들 앞에서도 안하무인(眼下無人)이었다. 그 사이 민심은 추미애를 떠났다. 이는 좌파들만 모르는 진실이다. 윤석열 징계 실패의 첫 번째 이유는 추미애의 傲慢不遜이었다.

두 번째는 추미애가 소(牛)잡는 데 연필 깎는 칼을 들고 설쳐댔기 때문이다.

임기가 보장된 검찰총장을 잡기 위해서는 도끼를 들고 나와도 부족하다. 검찰총장을 징계하기 위해서는 사안이 그만큼 중대하고 분명해야 한다는 얘기이다. 추미애는 급했다. 윤석열의 징계사유 6가지는 소를 잡기는커녕 소가 웃을 일이다. 적장(敵將)에게도 최소한의 예우는 필요하다. 죄목(罪目)이 격(格)에 맞아야 한다. 그러나 추미애는 검찰총장을 졸(卒)로 봤다. 그러다가 스스로 제 발등을 찍었다.

세 번째는 추미애의 그릇으로는 윤석열을 징계하지 못한다.

추미애는 5선 국회의원에 당대표를 지낸 거물급 장관이었다. 그런데 하는 짓은 공무원 7급 주사도 못 되는 처신을 했다. 그런 그릇으로 윤석열 징계하기는 역부족이었다.

진단이 정확해야 해결책이 나온다. 좌파는 지금 허둥대고 있다. "탄핵을 한다."는 등 헛소리만 난무하고 있다. 이는 '스스로 떨고 있다.'는 반증이다. 좌파가 쓸 수 있는 마지막 해법은 유인태에게서 자문을 받는 정도일 것이다.

명심해라! 혼돈에 빠진 좌파를 위한 苦言이다.

(2020년 12월 27일)

국민의힘, 정녕 박제정당이 되려 하는가?

요즘 정당 지지도 여론조사에서 국민의힘이 민주당을 앞서고 있다. 고무적인 현상이다. 그러나 이는 추미애와 윤석열 덕분이다. 백신과 아파트값 덕분이다. 버벅거리는 문재인 덕분이다. 국민의힘 자력으로 쌓은 지지율은 없다. 좌파 실정의 반사이익에 의한 모래성이다.

나훈아가 묻는다. “야당이 왜 이래?” 아니, “정당이 뭐 이래?” 나훈아의 이 질문에 답한다.

국민의 힘에는 3가지가 없다.

첫째, 활기가 없다.

기본적으로 패배의식을 깔고 간다. 좌파 여당 180여 석의 위세에 짓눌려 있다. 아직도 적폐청산 공포심에 짓눌려 있다. 그러니 반문투쟁도 원내투쟁도 하는 척 시늉만 내고 만다.

둘째는 온기가 없다.

국민의힘은 김종인이 탈이념 정당 정치 실험중이다. 이념이 없으니 뜻을 같이 하는 동지가 없다. 정당에 이념적 동지가 없으니 온기가 없다. 국회의원 제조 중소업체일 뿐이다.

셋째 국민의 힘은 생기가 없다.

당의 간판이 너무 늙었다. 신속히 전당대회로 새 모습 보이길 바란다.

(2020년 12월 29일)

제3장
2021년

지금 민주당은 內戰 중

이해찬의 재가없이 아무 것도 할 수 없는 문재인과 이낙연

문재인과 이낙연은 歲暮에 머리를 맞댔다. 두 사람은 추미애 퇴출, 김종인과 영수회담 제안, 박근혜 사면 등에서 이해관계가 맞아떨어졌다. 이낙연은 문재인을 믿고 정월 초하룻날 '박근혜 사면'이라는 회심의 한방을 날렸다.

그런데 역풍이 불었다. 결과는 이틀 만에 일단 꼬리를 내렸다. 그 역풍의 진원지는 어디인가? 누가 문재인과 이낙연의 공동작품을 하루 만에 박살낸 것일까? 그 者가 바로 문재인의 上王이다. 박근혜 사면론을 둘러싼 좌파의 이전투구 실체를 파보자.

제1막 上王은 바로 이해찬이다

추미애는 철저히 이해찬의 사람이다. 문재인은 그래서 추미애에게 끌려 다녔다. 그러나 추미애가 윤석열 찍어내기에 실패했다. 드디어 문재인에게 추미애 경질의 기회가 왔다. 문재인은 윤석열 징계 실패에 대해 인사권자로서 서둘러 사과 아닌 사과를 했다. 이해찬이 파고 들어올 틈을 주지 않기 위해 서둘렀다. 결과는 추미애가 烹(팽)당했다. 이해찬의 심사가 뒤틀렸다.

제2막 이낙연은 민주당 바지 사장 역할이 불만이다

이낙연도 하루속히 전임 대표 이해찬의 그늘에서 벗어나야 대권가도에 결판이 날 것 아닌가?

제3막 그래서

문재인과 이낙연이 의기투합해서 이해찬을 패싱하고 박근혜 사면론을 들고 나왔다. 이낙연은 이번 기회에 당대표와 대권주자의 위상을 찾고 싶었다.

제4막 박근혜 사면이라는 핵폭탄을 처리하면서 이해찬을 패싱해?

이해찬이 문재인과 이낙연 공모의 쿠데타를 보고만 있을 사람인가? 이해찬은 바로 강성좌파들을 풀라고 오더를 내렸다. 이해찬은 586 주사파 운동권들을 중간보스로 거느리고 있다. 운동권 586들은 강성좌파들의 상관들이다. 이것이 이해찬의 좌파 간접통치 구조이다. 이해찬의 오더 한 방이면 국회의원 몇 명의 목이 날아갈 수도 있다. (윤미향이 잘 버티는 것도 이해찬의 뒷배 덕인 것 같다.)

第5막 문재인과 이낙연은 대깨문의 위세에 눌려 일단 꼬리를 내렸다

그렇다고 사면론의 불이 꺼진 건 아니다. 박근혜 사면론 불발은 문재인과 이낙연이 공모한 이해찬 패싱 작전의 실패다. 이 과정에서 드러난 문재인 레임덕은 이미 심각한 수준이다. 또한 이낙연 옆의 그 많던 참모는 다 어디로 갔는가? 이것이 요즘 민주당의 실상이다.

이 그림이 아니면 시중의 이해찬 상왕론을 설명할 방법이 없다.

(2021년 1월 4일)

抗命1. 추미애의 항명편

抗命! 영화 제목으로 근사하다. 抗命의 사전적 의미는 '명령이나 지시에 따르지 않는 것' 또는 '그러한 태도'이다.

그렇다 보니 '抗命'은 권위주의 시대 또는 상명하복의 집단에서 자주 사용되곤 했던 용어이다.

그런데 추미애가 '抗命'을 다시 우리 곁으로 불러들였다. 추미애가 불러들인 抗命은 "검찰총장이 내 命을 거역한다."에서부터 시작되었다. 이것은 추미애가 제작한 '윤석열 抗命'의 예고편이었다. 그러다 마침내 추미애가 스스로 抗命의 주인공이 되어 버렸다.

법무장관 사직서를 흔들며 대통령 문재인을 엿 먹이는 抗命 행보이다. 추미애가 사표를 냈다는 청와대 발표는 벌써 작년 일이 되어 버렸다. 그러나 추미애는 지금도 버젓이 장관질을 하며 활보하고 있다. 문재인과의 마지막 정산이 아직 안 끝났다는 얘기다. 추미애의 抗命질에 오히려 문재인이 무릎을 꿇는 모양새다.

문재인이 대통령의 命을 거역하는 독한 여자를 만난 것은 문재인 스스로의 업보다. 문재인은 벌써 부메랑이 되어 돌아오는 대가을 치르고 있는 중이다.

우리에게는 추미애가 있어 다행이다. 추미애는 이미 김경수를 잡아 주었고, 나아가 김정숙의 경인선을 세상에 알린 바 있다. 추미애야말로 문재인을 망가뜨리는 우리 시대 '트로이 목마'이다. 다만 나라까지 말아먹게 생겨서 걱정이다.

(2021년 1월 9일, 영하20도 새벽에)

抗命2. 김성곤 항명파동 편

추미애 항명 편에 이어서 (내친김에) 우리 현대사에서 쇼킹했던 抗命사건을 간단히 돌아본다. 우리 현대사의 대표적 항명사건은 김성곤 항명파동이다. 일명 오치성 내무장관 해임파동이다.

1971년 당시 김성곤, 길재호, 백남억, 김진만 등 공화당을 떠받치는 4인 체제가 주동이 되어 박정희 대통령의 '命을 거역'하고 내무장관 오치성의 해임안을 국회에서 가결시킨 사건이다. 주모자는 쌍용그룹 오너 정치인 김성곤이었다.

그 시절 '抗命의 대가'는 혹독했다. 김성곤, 길재호 등 항명에 동조한 공화당 의원 20여 명은(항명 거사 당일 골프장에서) 바로 이후락의 중앙정보부로 끌려갔다. 김성곤은 중정에서 콧수염이 다 뽑히는 수모를 당하는 등 抗命의 대가는 혹독했다.

이후 김성곤은 미국으로 귀양을 간다. 미국에서 김종필을 만난 김성곤은 "대통령 무서운 줄 모르고 까불었다."며 "고국에 돌아가서 무슨 일이고 하고 싶다."고 JP에게 간청한다. 그 자리에서 JP는 박정희에게 전화를 건다. 박정희는 "그래? 한 번 더 속아보지. 알았다고 그래." 며칠 후 김성곤은 '대한상공회의소 의장'의 직책을 받고 귀국한다.

김성곤은 귀국 후(항명 파동을 겪은 지 2년 만인) 1973년 뇌출혈로 세상을 떠난다. 김성곤은 대구 달성 출신으로 박정희의 형 박상희의 친한 친구였다. 박정희에게 김성곤은 어린 시절부터 봐왔던 형의 친구였다. 그래서 박정희는 김성곤에게 공화당의 정치자금 관리를 맡길 정도로 깊은 신뢰가 있었다. 다만 권력의 속성이 그럴 뿐이다. 권력이 무상할 뿐이다.

김성곤의 62살 짧은 생은 '항명의 대가'라는 설이 많다.

(2021년 1월 9일)

抗命3. 정호용·김복동의 항명

노태우 시절의 항명은 고속도로 노상 항명이었다.

우선 정호용 항명사건이다. 1990년 정호용은 광주사태 청문회에서 공수부대 책임자로 지목된다. 노태우는 여론에 밀리는 육사 동기생 정호용에게 민자당 소속 국회의원직을 내려놓게 命한다. 그리고 그 자리에 문희갑을 세우고자 한다.

그러나 정호용은 노태우의 命을 거역하고 다시 치러지는 보궐선거에 무소속 출마를 결심한다. 노태우는 국회의원 후보 등록 마감일에 정호용을 청와대로 부른다. 정호용을 주저앉히고 문희갑을 당선시키기 위해서였다.

이 命을 거역하고 청와대를 나선 정호용 부부는 후보등록을 위해 경부고속도로를 이용 대구로 향한다. 그때 정호용 부부는 금강휴게소에서 납치되고, 정호용의 후보 등록은 무산된다. 울분을 삭이지 못한 정호용 부인이 자해소동을 벌인다.

이로써 정호용 항명사건은 막을 내린다. 이후 정호용은 대선에서 YS를 밀었지만 YS에 의해 광주사태 책임으로 7년 형을 선고 받는다. 그는 옥중출마를 했지만 고배를 마신다.

아! 정치의 쓴 맛이여!

마지막으로 '김복동의 抗命'이다.

노태우와 김복동은 경북고, 육사 동기생이며 처남매제지간이다. 김복동은 노태우 부인 김옥숙의 친오빠이다. 다시 말해 노소영의 외삼촌이기도 하다. 김복동은 노태우가 민자당 대통령일 때 노태우의 '命을 거역'하고 박철언과 함께 민자당을 탈당한다.

다급해진 노태우는 경찰 20여 명을 풀어 김복동을 대구 고속도로 톨 게이트에서 납치한다. 이 또한 희대의 항명 해프닝이었다. 김복동은 끝내 노태우의 命을 거역하고 정주영의 통일국민당에 합류한다.

문제는 추미애 抗命질의 종착역이 궁금하다.

(2021년 1월 9일)

김종인의 분탕질, 까닭은 뭘까?

우물물을 마실 땐 우물을 판 사람에게 감사하야 한다(飮水思源). 하물며 자신이 파고 마시던 우물에 침을 뱉고 돌아서서야 되겠나? 이는 원초적 자기부정이고 '정신이상자(김종인의 안철수 평가)'의 행태이다.

김종인은 국민의힘 비대위원장직을 물러나자마자 (국민적 지지로 선거에 승리한) 제1야당을 '아사리판'이라고 힐난했다. 그렇다면 오세훈과 박형준에게 투표한 국민은 '아사리판'에 투표한 바보라는 말인가? 이는 노망을 넘어 '분탕질'이라고밖에 볼 수 없다.

노회한 정치인으로 평가받는 김종인이 왜 이럴까?

노정객의 노림수는 과연 무엇일까?

중요 관전 포인트를 짚어보자.

무엇보다 먼저 김종인의 흑심을 알아야 한다.

김종인은 이제 킹메이커는 흥미가 없다고 말한다. 김종인의 이런 표현은 2016년 민주당 비대위원장 시절부터 최근까지 반복하는 말이다. 김종인은 덧붙여 "대통령 2명을 만들어 봤는데 별 재미가 없다."고 말한다. 이는 뒤집어 말하자면 자신이 직접 킹이 되길 원한다는 말이다.

그렇다면 김종인이 직접 킹이 되기 위해서는 어떤 정치상황이 필요한가? 정상적인 정치 환경에서는 불가능하다. 김종인은 정치판이 심하게 요동쳐야 80 노인에게도 기회가 올 수 있다고 보고 있다. 그리고 2022년이 어쩌면 자신에게 '별의 순간'이 될지도 모른다는 기대를 갖고 있는 것 같다. 이러한 김종인의 흑심이 자신이 만든 '국민의힘'을 스스로 망가뜨리는 반역을 도모하는 동력이다. 이게 김종인의 노림수다.

(2021년 4월 15일)

'차르' 김종인의 분탕질 (2탄) 안철수 죽이기

사람들은 김종인을 가리켜 러시아의 전제군주 '차르' 같다고 한다. 이 별호는 김종인에 대해 많은 것을 말해주고 있다. 김종인은 독선적 카리스마가 강한 구시대형 정치인이다.

김종인에게 대화, 타협, 설득은 없다. 오로지 주어진 권한으로 반대자를 침몰시키는 불통이 있을 뿐이다. 이는 김종인의 여러 정치행보에서도 여실히 드러나고 있는 팩트이다.

2016년 20대 총선 당시 민주당 비대위원장을 맡아서 이해찬과 정청래를 칼질했다. 그리고 미래통합당에 와서는 투표를 코앞에 두고 후보자인 차명진과 김대호를 잘라 버렸다. 그뿐만이 아니다. 국민의힘 비대위원장을 하면서도 홍준표에게 끝까지 문을 닫아걸었다.

김종인에게 상생의 정치는 없다. 김종인의 정치는 정적의 제거에서부터 출발하는 정치다. 그런데 김종인의 저격 정치가 안철수에게는 안 통하는 것 같다. 정치권에서는 여러 사람이 안철수를 쉽게 보고 덤볐다가 '학을 떼고 돌아갔다.'는 말이 있다. 안철수 역시 아집이 강한 인물이다.

김종인은 안철수가 쉽지 않다는 것을 이미 잘 알고 있었다. 김종인은 안철수가 가까이 오면 원하는 그림을 그릴 수가 없다. 이것이 지난 4.7보선에서 김종인의 '3자 필승론'과 '안철수 죽이기'가 탄생된 배경이다. 김종인은 4.7보선 내내 (내심으론) 서울시장 선거에 패하는 한이 있어도 안철수는 못 받겠다는 입장이었다. 지금도 김종인의 생각은 변함이 없어 보인다.

간웅 조조가 이런 말을 했다. "내가 천하를 버릴 수는 있어도 천하는 나를 버리지 못하게 한다." 세상은 김종인이 흑심을 버리지 못하게 하는 것 같다. 이 싸움은 '안철수의 진심'과 '김종인의 흑심' 대결이라고 본다. 싸움은 아직 진행형이다. 따라서 국민의힘과 국민의당 합당은 당분간 쉽지 않을 전망이다.

(2021년 4월 15일)

윤석열의 셈법, 싸우면서 크는 윤석열

"애들은 싸우면서 큰다."는 말이 있다.

바로 윤석열을 두고 하는 말이다. 윤석열은 맷집이 좋다. 하지만 검사라는 그의 직업이 말하듯 주로 때리면서 커왔다. 이명박을 때리고 박근혜를 잡아넣으며 성장하였다.

최근에는 조국과 추미애를 KO시켜 버렸다. 현직 대통령 문재인과도 단기필마로 맞장을 떠서 승리했다. 그는 콜로세움의 검투사였다. 그의 무기는 오로지 헌법정신과 법치주의뿐이었다. 악당들과 싸우는 윤석열의 터프한 매력에 국민들은 환호했다.

그 사이 윤석열은 가장 유력한 대권후보가 되어 버렸다. 이제 그는 '공정'의 깃발을 들고 일생일대의 대결을 준비하고 있다. 그럼 다음 번 윤석열의 맞장 상대는 누구이고 전략은 무엇인가? 또한 그의 승부는 어찌 될 것인가?

윤석열은 이재명을 만나기에 앞서 김종인을 먼저 만났다.

김종인은 윤석열에게 여러 차례 러브콜을 보냈다. "전화 오면 만나겠다." 그러나 윤석열은 답이 없다. 왜 윤석열의 답장이 없는 것인가? "나는 사람에게 충성하지 않는다."는 윤석열의 한 마디에 답이 있다. 왜냐하면 특히 김종인은 '충성 맹세'를 해야만 사람을 받아들이는 위인이기 때문이다.

(노회한 정치인이라는) 김종인이 한 치 앞을 내다보지 못해서 지금은 스타일을 구기고 있다. 어쨌든 두 사람은 한 배를 탈수가 없다. 한 배를 탄다 해도 오월동주다. 정치든 사업이든 연애든 잘못된 만남은 일을 망친다.

안철수와 김종인, 이재명과 김부선의 경우는 잘못된 만남의 좋은 사례이다. 윤석열 앞에 놓인 당면과제는 큰 훼방꾼이 될 수 있는 김종인과 어떤 관계를 맺을 건가이다.

이것이 윤석열이 통과해야 할 첫 관문이다.

안철수의 셈법, 윤석열과의 관계

안철수는 4.7 보선을 통해 자신의 가치를 재평가 받았다. 윤석열이 추미애 덕분에 확 커버렸다고 한다면 안철수는 김종인 덕분에 재평가를 받고 있다. 결과적으로 안철수는(김종인 덕분에) 김종인의 경쟁자로 정치적 성장을 하였다. 이렇게 성장한 안철수가 윤석열과 어떤 관계를 맺을 것인가? 이것이 문제이다.

중도우파 '윤석열 대체재 안철수'다

현재 중도우파에서 좌파에 대항할 유일한 희망은 윤석열뿐이다. 그러나 윤석열은 아직 정치권에 진입도 하지 않은 상태다. 만약 윤석열이 중도포기 또는 예기치 못한 일로 낙마하는 사태가 발생한다면 중도우파는 어떻게 대응할 것인가?

그에 대한 답은 안철수가 가장 유력하다. 그런 이유에서도 안철수는 국민의힘과 통합을 서둘러야 한다. 그리고 때가 되면 윤석열의 페이스메이커로 경쟁해야 할 것이다. 그러면서 기회를 기다려야 할 것이다. 윤석열과 안철수는 대권가도에서 서로에게 꼭 필요한 보완재이면서도 대체재가 될 수 있다.

하늘과 국민은 스스로 돕는 자를 도울 것이다.

(2021년 4월 17일 봄비 내리는 한낮에)

들소와 독사의 대결 1편

3.9 대선이 불과 10개월 남짓 남았다. 4.7 보선이야말로 내년 대선을 위한 몸 풀기에 불과했다. 현재 여론조사 1, 2위를 달리는 윤석열과 이재명의 싸움을 미리 관전해보자.

첫째는 이미지 싸움이다.

윤석열은 몸무게 100kg이다. 100kg 거구에서 저돌적인 에너지를 뿜어내고 있는 윤석열의 모습을 보고 있으면 (몸무게가 1톤 이상 나가는) 아메리카 들소를 연상시킨다. 그는 가끔 양복 상의의 단추도 풀어 헤치고 넥타이도 헐렁하게 맨 채 거침없이 걷는다. 거기에 더해서 윤석열은 (거구에서 나오는 깊은 울림의) 노래 실력도 일품이라고 한다. 이런 윤석열의 터프한 매력은 대중을 움직일 수 있는 큰 장점으로 작용될 전망이다.(후일 어퍼컷 세레머니로 이어짐.)

반면 이재명은 독사에 비유할 수 있겠다. 프로골퍼 중 독사라는 별명을 가진 선수가 있다. 코리안 투어 15승의 대기록 보유자이다. 이재명을 독사에 비유하는 것은 이재명이 강한승부욕의 소유자란 표현이다. 단추 구멍만한 눈에 빳빳하게 쳐든 고개, 그리고 상대의 약점을 물고 뜯는 행태를 보면 독이 바싹 오른 한 마리의 독사가 연상된다. 여기서 1차 승부는 결판이 난다. 그렇다고 싸움이 끝났다는 것은 아니다.

윤석열과 이재명은 당대의 싸움꾼들이다.

독사에게도 들소를 쓰러뜨릴 한 방이 있다. 독사는 독 오른 이빨로 들소의 뒤꿈치를 무는 것이다. 반면 들소는 육중한 발로 한 방에 독사 머리를 밟아 주어야 한다. 대선은 나라와 후손의 명운을 걸고 하는 싸움이다. 낭만적 감성이 개입할 틈이 없는 싸움이다.

그러다보니 국민들은 앞으로 펼쳐질 들소와 독사의 처절한 싸움을 가슴 조이며 구경하게 생겼다. 잠시 후 '들소와 독사의 무기' 편을 보내드릴 참이다.

(2021년 4월 18일)

들소와 독사의 대결, 무기 편

윤석열과 이재명이 최후의 일전을 위해 보유한 무기는 무엇인가?

지금까지 나타난 독사 이재명의 무기는 포퓰리즘이다. 포퓰리즘의 핵심은 기본소득, 기본주택, 기본의료, 기본교육에 이어 기본(무상) 연애까지 이어지는 공짜 시리즈이다. 여기서 중요한 것은 '가진 자(상위 10% 정도)'를 타도 대상으로 삼아 무산대중의 카타르시스를 자극 선동하는 것이다. 이는 포퓰리스트들의 기본 투쟁 공식이다.

이에 대응할 들소 윤석열의 무기는 무엇일까? 지금까지 윤석열이 내보인 무기는 공정, 정의, 상식이다. 다시 말해 공정한 경쟁이 이루어지고 노력한 만큼 보상 받는 나라를 만드는 것이다. 그러기 위해서는 개인의 자유와 창의가 존중되는 사회를 만들어야 하는 것이다.

들소와 독사는 가지고 있는 무기도 이처럼 질적으로 다르다.

(2021년 4월 18일)

박진과 송영길

송영길이 민주당 새 당대표가 되었다. 정치판에는 항상 천적이 있다. 이를테면 이재명의 킬러는 홍준표다. 홍준표는 이재명을 향해 연애도 '무상연애'라고 독설을 날린다. 또 최근에 새로 등판한 이재명 저격수가 있다. 윤희숙 의원이다. 윤희숙은 이재명이 재산과 소득도 구분하지 못한다고 한 방 날렸다.

한명숙의 킬러도 등장했다. 전여옥이다. 전여옥은 한명숙의 책 『나는 결백합니다』 『나는 그렇게 살지 않았습니다』에 대해 돌직구를 퍼붓는다. "나는 더럽다. 좌파들은 이렇게 산다!"는 뜻이라고 일갈한다. 문재인 가족에게도 저승사자가 있다. 다름 아닌 곽상도 의원이다. (이때까지만 해도)

그렇다면 민주당 새 당대표 송영길의 킬러는 누구일까? 이미 결론이 나와 있다. 정답은 국민의힘 박진 의원이다. 작년 7~8월 송영길이 국회 외통위원장을 맡고 있을 때의 일이다. 당시 송영길은 그의 본색을 드러내는 막말을 연일 쏟아내고 있었다. 송영길의 대표적 막말 어록에는 "주한미군은 족보가 없다." "개성 연락사무소 대포로 안 쏜 게 어디냐?" "주한미군은 오 버 캐퍼다." "김정은의 애정 표현이다." "남자끼리 친하면 엉덩이도 친다." 등이다.

이때 참다못한 박진 의원이 묵직한 한 마디를 날린다. "국회 외통위는 양원제 국가에서는 上院에 해당된다. 외통위의 품격을 위해서라도 송영길 위원장은 입조심 하라."는 평범한 듯하지만 울림이 있는 경고를 했다.

송영길은 바로 꼬리를 내렸다. 이게 박진의 내공이다.

이제 국민의힘은 송영길을 상대할 당대표를 선출해야 한다. 송영길을 굴복시킬 적임자는 부드럽지만 결코 꺾이지 않는 글로벌 리더십의 소유자 박진 의원이다.

박진 의원의 당대표 도전을 강력 촉구하면서.

(2021년 5월 4일 대모산 기슭에서)

소금 뉴스

소금 값이 폭등했다는 뉴스가 있었다. 오늘은 한밤중 잠에서 깨었는데 며칠 전 얼핏 들었던 소금 뉴스가 불현듯 머리를 스쳤다. 그래서 오늘은 특별히 '사모님 특집'으로 소금 소식을 傳합니다.

현재의 소금 값은 예년에 비해 5~8배 올랐습니다. 예년에는 20kg 한 포에 2,000~3,000원 정도였던 천일염 현지 가격이 최근에는 8,000~16,000원을 형성하고 있으며, 그것도 전년도 재고분은 없다고 합니다. 왜 이렇게 소금 값이 폭등을 했을까요?

첫째, 작년 긴 장마로 인해 천일염 생산량 감소

둘째, 일본 후쿠시마 원전 오염수 방류 결정에 따른 불안 심리로 소금 사재기

셋째, 문재인표 탈원전 정책으로 인해 염전이 태양광 발전 단지로 전환

그래서 최근 염전 구경하기가 어렵다고 합니다. 이 와중에도 '소금 산업 진흥법 일부 개정안'이 국회에 발의되어 있는 상태입니다. 이

법률안의 주요 골자는 '염전 폐업'을 '허가제'에서 '신고제'로 바꾼다는 것입니다. (발의자 소금 主산지 신안, 영광, 무안 출신 서삼석)

한 마디로 염전 폐업을 쉽게 하는 법이죠. 염전을 태양광 단지로 바꾸는 법입니다. 당장 올 가을 김장이 걱정입니다. 이제 우리는 꼼짝없이 문재인 정부의 태양광 덕분에 중국산 중금속 소금으로 김장을 하게 되었습니다.

(2021년 5월 22일 "작은 것도 크게 보는~~~" 짝의 "한밤 헛소리"였습니다. 편안한 밤 되십시오.)

이준석, 차라리 차차기 대권에 도전하라

이준석이 국민의힘 당대표 경선 여론조사에서 1위를 달리고 있다. 이는 가히 이준석 돌풍이라 말할 수 있겠다. 이러한 이준석 돌풍이 중도우파를 기분 좋게 흔들어 깨우는 波瀾이 되고 있다. 그러나 이준석 당대표 체제가 현실화된다면, 과연 이준석은 중도우파 집권에 藥이 될 까, 毒이 될까? 이는 냉정하게 따져 봐야 할 사안이다.

결론부터 말하자면 이준석은 당대표보다는 대권주자 쪽에 더욱 어울린다. 그래서 이준석에게 대권주자로 방향 전환할 것을 진심으로 권한다.

왜 이준석이 당대표로는 부적합한가?

첫째, 이준석은 혁신의 아이콘이 될 수는 있어도 통합형 리더는 아니다. 지금 국민의힘에는 [닥치고 통합형 리더]가 필요한 때이다. 왜냐하면 대선이 불과 10개월도 남지 않았다. 따라서 차기 당대표의 임무는 단 하나이다. 앞으로 4~6개월 이내에 중도우파 단일 대권후보를 우뚝 세우는 것이다. 혁신은 그 다음 과제이다.

따라서 지금은 [닥치고 통합의 적임자]가 필요한 때이다. 김종인의 '3자 필승론' 식 벼랑 끝 전술은 한 번은 통했을지 몰라도 두 번 쓰는 건 도박이다. 차분히 통합의 적임자를 찾아서 중도우파의 통합후보를 세우자.

둘째, 이준석은 요즘 중도우파에 '유시민 업'을 쌓고 있다. 흔히 유시민을 가리켜 "옳은 말을 싸가지 없게 한다."고 한다. '유시민 식 정치 리더십'으로는 중도우파의 당대표가 되기에 부적합하다. 이준석이 쌓고 있는 '유시민 업'의 예를 들어보겠다.

이준석은 (원내 경험 없음을 지적하는 경쟁자를 향해) "경고한다."는 등의 표현을 거리낌 없이 반복적으로 사용하고 있다. 이는 당원을 겁박하는 언사이다. 또한 수입육 논쟁도 마찬가지다. 문제는 비유가 아니라 이준석이 '목장주인'처럼 행세하는 것이 더욱 문제이다.

이준석이 방송에서 안철수에게 "소 값은 후하게 쳐주겠다."고 한다. 안철수나 윤석열이 이준석에게 소 값 받고 팔려갈 군번인가? 소 값 쳐준다는 말에 대권 후보들은 오던 걸음도 돌아설 판이다. 이준석으로부터 이런 말을 듣고 있는 국민들 또한 모욕감을 느끼니 이는 분명한 막말이다. 이준석이 이를 막말로 인식하지 못한다면 그는 이미 早老 현상이 나타난 것이다. 아니면 '내로남불'이다.

셋째, 이준석은 대선주자인 유승민系에 경도되어 있어 당대표로서 부적합하다.

이준석이 유승민과 밀착되어 있는 것은 천하가 다 아는 사실이다. 이준석은 이 문제에 대해서 "公과 私는 구별하니 걱정하지 말라."고

한다. 하지만 이준석은 벌써부터 안철수, 윤석열을 평가 절하하며 甲의 자세를 취하고 있다. 이준석이 김종인과 함께 反안철수 親유승민 전선을 형성하고 있는 것은 누구도 부인하기 어렵다. 이 또한 야권통합의 큰 걸림돌이다.

결론적으로 이번 국민의힘 당대표 선거는 단순히 국민의힘 당대표만을 뽑는 선거가 아니다. 중도우파의 야권 대통합 당대표를 선출하는 전당대회이다. 이준석은 재기가 넘치는 중도우파의 인재이다. 당장 써먹어도 부족함이 없는 좋은 재목이다. 다만 재목은 적재적소가 있다. 이준석은 분명 당대표보다 대권 후보에 어울리는 재목이다.

기둥보다는 대들보 감이로구나. 아무리 봐도 큰일을 앞둔 시점에서 이준석 당대표는 불안하다. 이준석 듣거라. 5년 후 우리 준석이가 포퓰리스트 좌파들을 KO 시키는 명장면을 보고 싶구나!!!

(2021년 5월 21일 새벽)

중랑천의 뒷물이 한강물을 밀고 간다(제1탄) -이준석과 안철수 편

이준석과 안철수의 싸움은 중랑천 골짜기 상계동에서 시작되었다. 2016년 20대 국회의원 선거에서 [노원병] 국회의원 자리를 놓고 안철수와 이준석이 한 판을 겨루었다.

이때만 해도 이준석은 애송이였다. 결과는 안철수 勝利였다. 이렇게 시작된 두 사람의 악연은 노원병 보궐선거 공천 및 바른미래당 한집살이를 거치며 갈등의 골이 깊어졌다.

그러다 급기야 두 사람은 4.7 서울시장 보선에서 다시 만났다. 이준석에게 借刀殺人(오세훈의 칼을 빌려 안철수 응징)의 기회가 찾아온 것이다. 이준석의 '안철수 복수전'에 김종인, 유승민이 가세하여 3각 동맹을 형성했다. 3각 동맹은 안철수를 '오세훈 서울시장 만들기' 고사상의 제물로 삼았다. 그 대가로 이준석 후보는 오세훈 서울시장의 공개 지지까지 받고 있다. 이제 이준석은 파죽지세다. 국민의힘 당대표가 이준석으로 현실화되어 가고 있는 형국이다.

이를 두고 옛 사람은 "장강의 뒷 물결이 앞 물결을 밀고 간다."고 했던가! 그러나 홍수에 여러 사람이 떠내려가게 생겼다. 1순위는 나경원, 주호영 등 당대표 낙선자들의 內傷이 크게 생겼다. 뿐만 아니라 야권통합 대선 시나리오는 처음부터 다시 써야 할 것 같다. 왜냐하면 김종인의 영향력이 다시 강화될 것이기 때문이다.

이쯤 되면 안철수와의 합당은 완전 물 건너 가게 된다. 따라서 윤석열과의 스텝도 완전 꼬이게 된다. 이는 '장강의 뒷 물결'이 아니라 '중랑천 범람'이 된다.

(2021년 5월 25일)

중랑천의 뒷물과 한강의 앞 물결(제2탄). -범람 우려 어찌 하나?

이준석이 당선된다면 이준석에 의한 한국정치의 세대혁명을 환영한다. 그러나 한편으론 젊은 피 이준석이 중도우파의 대선승리를 책임질 당대표로 최적임자인가 하는 의문이 있다. 이 질문은 중도우파에게 던져진 절체절명의 중요한 질문이다. 그래서 당대표 이준석 리스크 요인을 점검해본다.

첫째, 이준석은 안철수의 자리를 빼앗게 된다.

안철수가 갖고 있던 20~30세대 대표성(상징성)이 이준석으로 대체된다. 이준석 당대표 당선은 안철수 몰락으로 이어질 가능성마저 있다. 반대로 이준석이 당대표 임무를 성공적으로 수행하면 20~30의 새로운 영주로 등극함과 동시에 차차기 대권 0순위 예약이다.

둘째, 김종인의 재등장이다.

이준석은 자신이 당대표로 당선되면 "김종인을 선대위원장으로 모시겠다."고 한다. (이준석은 "정치를 입문시킨 건 박근혜" "정치를 배운 건 김종인"이라고 말한다.) 그럴 경우 안철수가 국민의힘에 합류할 가능성은 완전 사라지게 된다. 이는 윤석열의 발걸음도 머뭇거리게 할 수 있다. 다시 말해 범야권 대권후보 단일화가 어려워지는 결과를 초래할 수 있다.

셋째, 김종인의 재등장으로 당이 쪼개질 수 있다.

김종인은 이미 먹던 우물에 침을 너무 많이 뱉었다. 따라서 김종인이 재등장한다면 당은 친김종인과 반김종인으로 갈라지게 될 것이다. 더구나 김종인은 폭탄 홍준표의 입당도 막고 있다. 자칫 이준석체제가 당분열의 씨앗이 될까 두렵다.

넷째, 이준석, 김종인 투톱 체제에서는 유승민 카드가 유력하다.

국민의힘이 어수선할 경우 안철수와 윤석열이 제3지대를 형성할 수도 있다. 이때 이준석이 쓸 수 있는 카드는 자강론이고, 자강론의 결과물은 유승민으로 귀결되게 마련이다.

다섯째, 이준석의 인기와 지도력은 별개의 문제이다.

정당은 언제나 복잡한 정치적 이해관계가 충돌하는 곳이다. 따라서 당대표의 역할은 스타 정치인 1인의 역할과는 전혀 다르다. 이준석에게서 언뜻언뜻 유시민, 정동영, 문준용의 이미지가 교차되는 것 같아 걱정이다.

(2021년 5월 27일)

"탄핵은 정당하다!"에 담긴 이준석의 교활함

어제(6월 3일)는 보수의 본산 대구에서 'TK목장의 결투'가 있었다. 여러 말들이 난무했다. 그러나 대부분 하나마나한 공허한 얘기들뿐이었다. 그 중 논란이 될 만한 대목이 있었다. "박근혜 탄핵은 정당했다!"는 이준석의 발언이다. 이준석은 왜? 보수의 텃밭 대구에서 옥중의 박근혜에게 비수를 들이댔는가? 그의 노림수는 무엇인가? 이를 분석해본다.

첫째, 국민의힘 5명의 당대표 후보는 모두 탄핵 찬성파이다.

다만 홍준표의 분류대로 나경원만 약간 결이 다른 '탄핵 찬성 잔류파'이다. 나머지 4명은 '탄핵 찬성 탈당파'이다. 따라서 당대표 후보 5명은 누구도 "탄핵은 정당했다!"는 이준석의 주장에 반론을 펼 수 있는 입장이 아니다. 이준석은 이 틈을 노렸다. 이준석은 보수의 심장 대구에서 보수를 향해 비수를 던질 수 있었다. 이준석의 한 방에 주호영, 나경원 등은 소신 없는 비겁자가 되어 버렸다. 이준석이 거둔 소득은 그뿐이 아니다. 박근혜 탄핵을 지지했던 세력을 이준석 지지자로 결집시키는 깜짝 특수까지 누렸다.

둘째, 이준석은 당대표 이후를 계산하고 정공법을 택했다.

이준석은(유승민과 함께) '보수의 배신자' 꼬리표가 붙어 있다. 보수정당의 대표가 되기 위해서는 이 꼬리표 떼어내고 TK에서 인정받아야 한다. 이 문제의 핵심은 '보수의 배신자'가 어떻게 '탄핵의 강'을 건널 것인가 하는 것이었다. 이준석은 '탄핵의 정당성'을 주장하는 정공법을 선택했다. (탈당파들은 탄핵을 부정하면 바로 자기부정의 모순에 빠짐.)

이준석이 TK 한복판에서 "탄핵은 정당하다."고 외치는 것은 광주의 금남로에서 "DJ는 거짓말쟁이."라고 외치는 것과 유사한 상황이다. 이준석이 이런 정공법을 거침없이 사용하는 것은 현재 보수가 처한 약점을 교묘히 이용하는 것이다. 다시 말해 이준석은 "정권교체를 위해 박근혜를 묻고 갈 수도 있다."는 보수의 절박함을 십분 이용하고 있는 것이다. 결국 이준석이 당대표가 된다면 보수에서 "탄핵은 정당하다."는 명제가 승인되는 것이다. 동시에 유승민과 이준석은 '배신자 프레임'에서 이론상 벗어나게 된다.

(※참고: 보수 국민의 탄핵에 대한 시각은 3분류로 나누어진다. 탄핵을 처음부터 지금까지 반대하는 강성우파, 탄핵이 좌파 선동의 산물임을 중간에 깨닫게 되는 반성 우파, 처음부터 지금까지 탄핵이 정당하고 주장하는 탄핵 찬성파다.)

셋째, '탄핵의 강'을 건너기 위한 이준석의 빛나는 기획력(?)

이준석은 당대표가 되기 위해 대구 민심과의 진검 승부를 벌였다. 이준석은 후보 등록을 마치자마자 대구로 향했다. 이준석은 대구에서 지하철 출구 인사로 하루를 시작했다. 이어서 이준석은 아버지 이수월을 언론 플레이를 통해 의도적으로 공개하며 '아버지 팔이'를 했다. "아버지는 경북고, 서울대 출신이며 유승민, 김부겸의 친구다."라고 떠들며 자신이 대구의 손자임을 내세웠다.

TK 손자 이준석은 바로 삼성라이온스 야구장으로 향했다. 이어서 대구경북 지방 언론사를 찾아 인사도 깍듯이 했다. 대구의 민심은 순식간에 대구의 손자 이준석 사랑에 빠졌다. 영악한 이준석은 대구의 민심을 확인했다. 그리고는 드디어 합동연설회장에 나타나 준비된 속마음을 드러냈다. "탄핵은 정당하다."고 일갈하며, 대구경북의 민심에 도전장을 던진 것이다.

한편으로 이준석은 만약을 대비했다.

이준석이 친 쉴드는 윤석열이었다.

"대구 경북 당원 동지 여러분! 탄핵의 정당성을 인정하지 않으면 '국민의힘'은 윤석열을 받아들일 수 없습니다."

참으로 교활하고 절묘한 '신의 한 수'이다. 이어서 이준석은 "박근혜 사면 요구는 없다. 대신 당대표 역할을 잘해서 개인적으로 잘 모시겠다."고 말한다. 이는 대구경북 정통 보수에게 백기 투항의 항복을 요구한 것이다. 그러면서도 이준석은 버락 오바마를 등장시켜 보수를 달랜다.

"당원 동지 여러분! 차이를 인정하는 것이 민주주의입니다."

이건 36살짜리가 아니라 80살짜리 정치 9단 수법이다. TK의 자존심이 손자의 재롱잔치에 무너지는 순간이었다. 옥중의 박근혜는 "은혜를 원수로 갚는 것은 동서고금 배신자의 기본이다!" "조국 근대화의 영웅을 아버지로 둔 나의 업보."라고 장탄식을 했을 것이다.

대세는 기울었다. 중랑천의 뒷물이 한강의 앞 물결을 밀어내고 있는 중이다.

(2021년 6월 5일)

이준석 표 시험제도

이준석 표 정당 개혁은 토론 배틀을 통한 당직 인선과 지방자치 선거 후보자 공천 자격시험을 골자로 하고 있다. 이준석은 공천 자격시험을 무기로 해서 수준 미달의 지방의원 또는 단체장을 퇴출시키겠다는 것이다. 그리고 그 자리를 이준석의 우군인 20~30대로 채우겠다는 복안이다. 사실 지방자치권력은 여야 막론하고 '惡貨가 良貨를 驅逐'하고 있는 것이 실상이다. 그런 면에서 이준석의 주장은 일견 수긍이 가는 전략이다. 그러나 이준석 표 공천 자격시험은 몇 가지 이론적 흠결을 갖고 있다. 따라서 앞으로 많은 논란이 예상된다.

그렇다면 무엇이 문제인가? 한 발 앞서 짚어보자.

첫째, 공천 자격시험 제도는 민주주의 기본 원리와 맞지 않는다.

민주주의를 구성하는 중요 기본원칙은 국민의 참정권 보장이다. 국민의 참정권은 선거권과 피선거권을 통해 행사하게 된다. 말하자면 선거권은 투표권으로 피선거권은 공무담임권으로 구체화된다. 현대 민주주의 국가에서는 국민의 투표권을 보통, 평등, 직접, 비밀 투표를 통해서 보장하고 있다.

그 중 가장 기본이 되는 것이 보통선거이다. 보통선거라 함은 국민 누구나 일정한 연령에 이르면 재산, 교육, 종교, 인종에 구애받지 않고 투표할 권리를 갖게 되는 것을 말한다. 여기서 선거권과 피선거권은 동일한 이론을 적용해야 한다. 선거권과 피선거권은 동전의 양면이기 때문이다.

이를 테면 보통선거의 원리가 국민의 지적수준(교육정도)과 관계없이 누구에게나 투표권이 주어지듯 피선거권 역시 교육수준 관계없이 누구에게나 주어져야 한다. 그 다음 판단은 국민의 몫이다. 이게 민주주의의 원리이다. 그런데 공천 자격시험 제도는 국민의 기본권인 피선거권을 제한할 소지가 다분하다. 따라서 반(反)민주적 발상이라는 논란의 여지가 있다.

둘째, 공천 자격시험 제도는 위헌 소지가 있다.

우리 헌법 24조는 "국민은 법률이 정하는 바에 따라 선거권을 갖는다." 제25조는 "국민은 법률이 정하는 바에 따라 공무 담임권을 갖는다."라고 규정하고 있다. 그러니까 우리 헌법은 선거권과 피선거권을 기본권으로 보장하고 있다. 다만 법률에 의해 연령, 선거법 위반, 금치산자등 극히 예외적인 경우 선거권 또는 피선거권을 제한하고 있다. 이런 측면에서 볼 때 공천 자격시험은 헌법정신을 거스르는 발상이다. 자격시험으로 피선거권을 제한하는 것은 회사의 內規가 헌법과 법률에 위배해서 정해진 것과 다를 바 없다. 그러한 회사 내규는 법정에 가면 무효이다. 국민의 기본권은 정당의 공천기준 등으로 쉽게 침해받을 수 있는 권리가 아니다.

셋째, 선거는 시험과 다르다.

그리고 시험이 반드시 공정을 보장하지도 않는다. 민주주의는 국민에게 다양한 선택의 기회를 제공하는 제도이다. 그렇기 때문에 우리는 선거 때마다 '허경영'을 구경하면서 스트레스를 푸는 것이다. '공천 자격시험 제도'가 누군가의 피선거권을 원초적으로 봉쇄하는 제도가 되어서는 안 된다.

또한 시험에 합격한 사람이 떨어진 사람보다 훌륭할 것이라는 것은 편견이다. 이 또한 이준석 표 '능력 만능주의'라는 비난을 피할 길이 없다. 시험이 만능이라면 대통령 자격시험, 국회의원 자격시험, 당대표 자격시험 먼저 실시해야 한다.

결론적으로 이준석은 왜 지방의원 등의 자격시험 제도를 도입하려 할까? 양수 겹장의 노림수이다.

첫째는 당을 뿌리째 갈아엎어 당의 세력을 교체하는 작업이다. 정당을 지탱하는 3대 세력은 국회의원(지구당위원장), 지방의원(단체장포함), 권리당원이다. 그 중 제1타깃으로 지방의원(단체장 포함) 교체작업에 들어간 것이다.

둘째는 이준석 차차기 대권 플랜의 가동이다. 다시 말해 자격시험을 통해 당의 기득권 세력을 일거에 청소하고 그 자리를 이준석의 우군인 20~30대로 채워 차차기 대권 도전의 기반을 확실히 만들겠다는 것이다. 이는 이준석이 원한 바가 아닐지라도 정치는 그렇게 번역되어진다. 그래서 더욱 논란이 될 것이다.

(※국민의힘 당대표 경선 토론에서 이준석의 자격시험제도 주장 논리에 제대로 대응하지 못한 거 같아 안타까웠다.)

(2021년 6월 17일)

최재형 10 불가론

1. 美談이 곧 국가 경영능력은 아니다.

2. 권력의지가 의심스럽다. (3修 각오 되어 있나?)

3. 최재형이 꼭 정치를 해야만 하는 명분이 약하다. (아직 국민 공감은 멀다.)

4. 탈(脫)원전 감사 등의 순수성과 저의를 의심받게 된다. 좌파로부터 꼼짝없이 역공을 당하게 되는 빌미가 된다.

5. 따라서 자칫하면 윤석열까지 隱事 죽음을 당하게 된다.

6. 좌파에게 검찰 개혁 및 문재인 적폐 청산에 정당성을 부여해주게 된다.

7. 범생 대통령은 국가의 역동성이 떨어질 수도 있다. 대통령직은 범생이에게는 다소 부적합한 직업이다.

8. 최재형은 아직 맷집이 검증되지 않았다. (제2의 고건이 연상됨.)

9. 시대에 맞는 대중적 카리스마를 갖기 어렵다. (너무 근엄해 2030 세대와 친화력 만들기 불가)

10. 결론은 대통령까지는 아직 아니다. (차기 대법원장 적격.)

최재형 감사원장이 부디 분수를 지키기 바란다. 정치는 도박이다.

한 순간의 오판이 최 원장의 인생과 국가의 미래를 망칠 수도 있다.

[2021년 6월 20일 紫谷山邦(나라)에서]

2% 부족한 윤석열의 데뷔전

오늘 윤석열의 정치입문 신고식이 있었다. 윤석열은 차기 대권후보들 중 국민 여론조사에서 1위를 달리는 후보이다. 그래서인지 윤석열의 신고식에 대한 국민의 관심은 뜨거웠다. 윤석열의 출사표를 간략하게 짚어본다. 윤석열의 출사표를 몇 가지로 요약할 수 있다.

첫째, 문재인 정권은 상식과 공정, 정의를 무너뜨리고 법치를 파괴한 '약탈 정권'이다. '약탈정권'은 '부패 완판 정권'이다

둘째, '약탈정권'에 반대하는 세력들은 힘을 모아서 '정권교체'를 이룩하자. 정권교체를 이룩해야만 '자유민주주의'를 지킬 수 있다.

셋째, 윤석열은 정권교체를 위해 자신을 헌신하겠다.

이것이 윤석열 대권도전 선언의 요지이다. 윤석열의 대권 도전 선언에 대해 '꽉의 낙서'는 2% 부족하다는 점수를 준다. 대선 출사표의 핵심은 '국가의 미래비전 제시'이다. 그런데 오늘 있은 윤석열의 출

사표는 안타깝게도 문재인 정권의 실정을 지적하는 데 그쳤다. 말하자면 정권교체 이후의 비전이 없다. 국민이 원하는 '윤석열 표' 국가 미래비전을 제시하지 못했다.

이러한 출마 선언은 앙꼬 없는 찐빵이다. 국민들은 문재인 좌파정권을 끝장내야 한다는 데는 이미 공감하고 있다. 따라서 윤석열이 대권도전 선언에 담아야 할 내용은 '시대정신에 부합'하는 담대하고 묵직하며 실감나는 '국가의 미래 비전'이었다. 나아가 '윤석열'이 국가 목표를 실행할 적임자임을 유감없이 보여줘야 했다. 그만큼 '중요한 날'이었다.

이런 점에서 윤석열의 데뷔전은 2% 부족하다고 평가한다.

(2021년 6월 29일)

안동 유림은 두루마기를 벗어라

이재명은 참으로 교활하다. 이재명이 7월 1일 대선 출마선언을 마치고 첫 번째로 찾아간 곳은 고향 안동의 儒林이었다. 이재명은 왜 고향 안동의 유림을 대권 행보의 첫 출발점으로 삼았을까?

대답은 뻔하다.

물론 고향 방문이니 나름 명분을 찾을 수는 있다. 그러나 유림을 첫 방문지로 삼은 건 '쌍욕 물 타기' 전략으로 양반 동네 유림을 이용하는 꼼수이다. 지금 이재명의 고민은 당내 경선이 아니다. 이재명을 괴롭히는 것은 20%대에 고정되어 있는 여론조사 지지율이다. 20%대의 지지율 가지고는 대통령이 될 수 없기 때문이다.

그렇다면 무엇이 이재명의 발목을 잡고 있나?

이재명의 현재 나타난 아킬레스건은 '쌍욕과 김부선'이다. 이재명은 '쌍욕과 불륜'에 가로막혀 20%의 벽을 넘지 못하고 있다. 이재명이 이 문제를 허술하게 다루다간 대선기간 내내 '쌍욕과 불륜'의 늪에서 허우적거릴 수도 있다. 이 점을 누구보다 잘 아는 이재명은 쌍욕과 불륜의 재확산을 막는 것이 시급한 과제이다.

그래서 이재명은 자신의 도덕적 패륜을 다소나마 희석시키는 수단으로 양반 고을 안동 유림을 택한 것이다. 이재명이 儒林을 찾아 머리를 조아리는 행위는 일종의 가짜 신자의 고해성사와 같은 짓이다. 안동 유림은 이러한 이재명의 잔꾀에 홀딱 속아 넘어갔다.

소위 안동 양반들은 형과 형수를 향해 입에 담지 못할 쌍욕을 퍼붓는 '원조 패륜 당사자'를 두루마기 차림으로 영접했다. 그리고는 덕담으로 융숭하게 대접했다. 참으로 눈꼴사나운 철부지 양반들의 경솔함을 보았다

어디 감히 '쌍욕쟁이 이재명'이 유림의 문턱을 넘을 수 있나? 조선의 유림이 누구이던가? 선비는 절개와 지조, 그리고 禮를 근본으로 삼지 않았던가? 그러한 선비정신을 받드는 곳이 儒林 아닌가? 안동 유림은 부끄러운 줄 알아야 한다.

안동의 양반은 두루마기를 벗어야 한다.

두루마기는 쌍욕을 영접할 때 입는 옷이 아니다. 정중한 禮를 갖출 때 입는 옷이다. 영남 선비의 자존심이 속절없이 농락당하는 모습이 개탄스럽다. 정권교체의 싸움도 이제 막 시작되었다.

(2021년 7월 2일)

윤희숙에게 걸리면 다 죽는다

그동안 잘 나가던 이준석이 당 내외에서 협공을 받고 있다. 송영길과의 전국민재난지원금 지급 합의 취소 소동 때문이다.

이준석이 민주당의 공격쯤이야 그냥 무시하고 가면 된다. 그러나 당내 윤희숙의 공격은 매우 아플 것이다. 그냥 어물쩡 넘어가기가 쉽지 않기 때문이다.

윤희숙은 한 번 물면 2~3차 공격은 기본이다. 윤희숙은 전국민재난지원금 지급 합의에 대하여 당의 철학에 관한 중대 문제로 이의를 제기했다. 이에 대한 이준석의 대응은 '비빔밥' 정도였다. 당내 여러 의견이 있을 수 있다는 것이다. 이에 대해 윤희숙은 본질의 문제를 테크닉으로 넘어가지 말라고 재차 경고한다.

최근 이재명의 지지율 하락도 사실 윤희숙으로부터 시작된 것이다. 이재명이 재산 대비 비례 벌금제를 주장하다 윤희숙에게 호되게 혼이 났다. 윤희숙은 재산과 소득의 개념도 서 있지 않다고 날카롭게 지적했다. 이재명의 밑천이 바로 들통 나는 장면이었다. 이후 이재명의 기본소득 등의 예봉이 꺾이기 시작했다.

그뿐만이 아니다. 문재인 김현미 이해찬 이낙연 김태년 등을 한 번에 잡은 것도 윤희숙의 “나는 임차인입니다.” 한 방이다. 윤희숙은 임대차 3법의 부작용으로 “전세의 씨가 마를 것이다.”라고 정확하게 예측한 여의도 보살이다.

여의도 보살 앞에서 이준석은 떨고 있다. 이준석의 내공은 아직 대학생 수준이다. 거침없던 이준석도 이제 윤희숙 눈치 보느라 입조심하게 됐다. 이는 정당이 건강하다는 표시다. 국민의힘으로서는 아주 잘 된 일이다. 그렇다고 윤희숙이 대통령감이라는 뜻은 아니다.

(2021년 7월 15일)

박진 의원의 대권 도전

대모산에서 청와대까지

〈우리 동네 박진 의원이 20대 대통령 도전을 선언했다. 반가운 소식이다.〉

꽉의 '비단 주머니'의 주인이 바뀌게 되었다. 오늘부터 '꽉의 낙서'는 박진감 넘치는 4선의 글로벌 정치인 '박진'을 위한 정책 기초공사의 잡부로 참여해야 할 것 같습니다.

삼국지 어느 구절인가에 "남자는 자신을 인정하는 주군을 위해 목숨을 바친다."라는 말이 나온다. 이 개명 천지에 목숨 걸 일은 없을 것이다. 그래도 인간의 맛은 신의를 지키는 데 있지 않을까?

링컨은 통나무집에서 백악관으로, 지미 카터는 조지아의 땅콩농장에서 백악관 입성에 성공했다. 당시 지미 카터를 아는 국민은 2%에 불과했다.

대모산 골자기 자곡마을에서 청와대까지는 그리 멀지 않다. '박진감 넘치는 박진'이 시대의 아픔과 함께하는 감동 드라마를 써내려갈 것이다. '박진' 감동 드라마의 시나리오 작성에 '꽉의 낙서'도 함께 하겠습니다. 여러분의 동참과 격려를 부탁드립니다.

(2021년 7월 11일 "박진 플랜" 기초공사 잡부 꽉의 낙서 올림)

집값과 자유

우선 시급한 집값 문제입니다.

얼마 전 김부겸 총리가 국회에서 "부동산 정책이 있다면 훔치고 싶다." 부동산 정책과 관련해서는 "자신이 개탄스럽다."고 실토한 바 있다. 문재인은 취임 초기 "집값 잡는 건 자신 있다."고 큰소리를 쳤다. 그러다가 임기를 1년 남겨놓고는 "부동산 정책에 대해서 할 말이 없다."고 했다. 서민들 등에 칼 꼽는 소리이다.

노무현도 마찬가지다.

노무현은 취임 초 "하늘이 두 쪽 나도 부동산은 잡겠다."고 큰 소리를 쳤다. 그러다 퇴임을 앞두고는 "나는 부동산 말고는 꿇릴게 없다."고 부동산 실패를 자백했다. 노무현 역시 서민들 뒤통수를 치고 청와대를 떠났다.

서민들의 삶 중 가장 아픈 곳은 어디인가?

집값 폭등 그리고 내 집 마련의 꿈이 사라진 절망감이다. 이러한 참담한 결과는 노무현과 문재인 좌파정권의 합작품이다. 자신의 지지층을 '벼락거지'로 만든 죄를 용서받지 못할 것이다. 따라서 이 시대에 청산해야 할 진짜 적폐는 노무현과 문재인 과오이다. 이는 좌파들이 개인숭배에 빠져서 눈감아 버리는 불편한 진실이다.

서민들은 빈부 격차를 따라잡을 용기마저 잃었다. 개천에서 용이 나기도 틀렸다. 대신에 사회 곳곳에서는 가진 자와 못 가진 자의 갈등만 깊어가고 있다.

이게 문재인 정부의 유일한 업적이다. 또한 이재명이나 이낙연 등이 내놓는 부동산 정책을 들여다봐도 싹수가 노랗다.

그들의 부동산 정책의 기본은 가진 자와 못 가진 자를 나누는 국민편 가르기에서부터 출발하기 때문이다. 그들의 정책이라는 것은 고작 가진 자에 대한 징벌적인 세금으로 시장을 억압하는 것이 전부이다. 시장을 짓누르면 결과는 국민이 죽어나자빠지든지 아니면 나라가 절단이 나든지 둘 중 하나이다. 좌파는 오로지 50년 집권을 위한 票에만 관심이 있다. 그래서 싹수가 노랗다는 것이다.

이러한 좌파 부동산 정책은 25번의 부동산 정책 실패가 입증하고 있는 팩트이다. 특히 문재인 정부의 부동산 정책은 집권 초기부터 실패를 예고하고 있었다. 이를 테면 부동산 정책 설계자로 '김수현'을 고용한 것부터 문제였다. 김수현은 이미 노무현 정부에서 '국민경제비서관'으로 부동산 정책을 실패한 전력이 있는 사람이다. 그는 『부동산은 끝났다』라는 책을 써서 국민들을 호도하기도 했다.

문재인은 이미 실패가 검증된 사람을 청와대 정책실장으로 돌려막기 했다. 김수현 돌려막기가 부동산 정책의 첫 단추를 잘못 끼우는 단초를 제공한 것이다.

이제 청와대에는 김수현, 장하성, 김상조, 홍장표 등 부동산 적폐들은 떠나고 문재인만 남아서 풍산개를 쓰다듬고 있다.

그렇다면 다음 대통령은 문재인 정권의 부동산 적폐를 어떻게 치울 것인가? 대책 2탄 "꽉"이 내놓는 부동산 해법 '집값과 자유'를 기대하시길 바랍니다. 그런데 김부겸이 훔쳐갈까 걱정됩니다.

(2021년 7월 8일 정권교체의 최전선 자곡 산방에서 '꽉의 낙서'입니다.)

박진의 7대 자유

※(출마선언 3탄) 박진 의원 대선 경선 출마를 앞두고 의원님과 나눴던 시대의 고민들을 그대로 생생하게 전합니다. 대화 중 일부만 발췌했습니다.

1941년 제2차 세계대전 중 프랭클린 루즈벨트 미국 대통령은 미 의회에 보낸 연두교서에서 미 국민이 누려야 할 4가지의 자유를 주창했다. 루즈벨트가 주창한 4대 자유는 언론의 자유, 신앙의 자유, 결핍으로부터의 자유, 공포부터의 자유이다.

오늘날 자유민주주의 국가를 지향하고 있는 대한민국에서 필요한 자유는 어떤 자유인가?

개인의 창의와 능력 그리고 행복의 추구가 맘껏 보장되는 한편, 개인 능력이 공동체에 기여하게 하는 자유이다. 이러한 자유만이 개인의 행복과 국가 공동체의 목표가 조화를 이루게 한다.

그러나 오늘날 자유 대한민국 국민 여러분! 진정 자유로우십니까?

이 시대를 살아가는 대한민국 국민에게 진짜 필요한 자유는 무엇인가?

첫째, 출산, 육아, 보육의 부담을 덜 수 있는 자유.

둘째, 좀 더 좋은 교육을 선택할 수 있는 자유(좀 더 좋은 교육을 받을 수 있는 자유).

셋째, 좀 더 좋은 집에서 살 수 있는 자유.

넷째, 안정된 직업을 가질 수 있는 자유(일자리를 가질 수 있는 자유).

다섯째, 노후 불안에서 해방될 수 있는 자유

여섯째, 과거사와 북핵에서 벗어나 미래로 전진할 수 있는 자유.

일곱째, 세금폭탄으로부터의 자유.

이상의 7대 자유는 "국민과 함께 뛰는 자유대한민국"을 위한 핵심과제입니다.

(4탄에서) 이상 7대 과제 중 가장 시급한 세 번째 "좀 더 좋은 집에서 살 수 있는 자유" 주택정책에 대해 좀 더 구체적인 말씀을 드리겠습니다.

(2021년 7월 11일 짝의 낙서)

의원님 긴급 현안입니다. 이준석에 의해 촉발된 여가부, 통일부 폐지 논란 관련입니다. 의원님은 출마선언에서 청와대 '민정수석 폐지'

는 좋은 히트 아이템이 될 것입니다. 제왕적 대통령제 폐단을 개혁하는 첩경입니다. 청와대 핵심권력을 내각에 분산하고 검찰, 경찰, 감사원, 공수처가 제 기능 하게하는 청와대 개혁 핵심사항입니다. 참고하시길 바랍니다.

(2021년 7월 11일 꽉의 낙서)

※참고로 민정수석 폐지(안)은 박진 의원과 2021년 6월부터 논의했고, 후일 국민의힘 정책 공모에 공식 제안한 바 있습니다. 그 후 윤석열 후보의 첫 공약이 되어서 만족했습니다.

좀 더 좋은 집에 살 수 있는 자유1

국민 편 가르기와 징벌적인 세금으로 대표되는 문재인 정부의 주택정책은 이미 필패를 예약한 정책이었다. 우리나라는 모든 경제 시스템이 시장경제 원리에 맞추어 돌아가고 있는 세계 10대 선진국이다. 이런 나라에서 공급과 수요의 법칙을 무시한 반(反)시장적 정책이 성공하기를 기대하는 것은 '산에 가서 물고기를 찾는 것'과 같다.

또한 국민을 편 갈라서 징벌적인 세금을 물리는 포퓰리즘 정책은 "누구나 좀 더 좋은 집에서 살고 싶어 하는" 인간의 기본 욕구와 정면충돌되는 사회주의적 발상이다. 이러한 얼치기 좌파들의 부동산 정책이 오늘의 참담한 결과를 만들었고 앞으로도 답이 없다.

그렇다면 문재인 정부가 저지른 부동산 정책실패 후유증을 어떻게 최소화하고 시장을 안정시킬 것인가? 부동산 시장에 징벌 대신 자유를 주어야 한다. "좀 더 좋은 집에 살고 싶은 인간의 욕구"에 시장이 답할 수 있도록 정책을 유도해야 한다.

*의원님! 지금부터는(시간 관계상) 내일 혹시라도 출마 선언에 참고하실 만한 사항이 있을까 해서 대충 적어 봅니다.

1.국민의 주거욕구를 계층별로 분류하면

첫째, '주거생존권'이 필요한 계층이다. 쪽방촌, 고시원, 반지하에 거주하는 국민이다. 국가의 주택 정책예산이 집중적으로 과감하게 투입하여 좀 더 인간다운 주거 환경을 갖출 수 있는 자유를 보장해 주어야 하는 계층이다. (이는 대권주자의 '약자와의 동행' 핵심 포인트가 될 수 있다. 집권기간 "국민 반(半)지하 탈출 프로젝트" 수립 시 반응 좋을 것임)

제2계층은 전월세 난민층이다. 제2계층에게는 임대차 3법 등 각종 규제와 금융규제 해제가 시급하다. 주거 안정의 자유 보장이 시급한 계층이다.(특히나 부동산 공급 부족은 신규 공급 부족보다 규제에 의한 유통 물량 부족이 문제이다.)

제3계층 자기 집을 가지고 사는 국민은 양도세를 완화해야 유통물량 증대와 더불어 공급이 늘어난다. 그리고 제3계층은 능력대로 원하는 집에 살 수 있는 자유가 필요하다.

(2021년 7월 12일 꽉의 낙서)

좀 더 좋은 집에 살 수 있는 자유2

제2계층 전월세 난민 대책.

"서울에는 전세의 씨가 말랐다."고 한다. 가뭄에 콩 나듯 어쩌다 나오는 전세도 값이 다락같이 올라 있다. 서울에 직장을 둔 젊은이는 서울을 떠나 수도권을 전전하는 전세 난민이 되어 떠돌고 있다. 아니면, 울며 겨자 먹기 식으로 영끌 대출을 받아 원치 않는 집을 사야 했다. 그러다 보니 수도권 집값도 따라 올랐다. 전쟁보다 더 지독한 아파트 사랑은 이렇게 시작되었다. 수도권 전세 난민은 오늘도 천근이나 되는 무거운 몸을 끌고 출퇴근 전쟁에 시달리고 있다. 그들은 부모님께는 차마 이 딱한 사정을 말할 수 없다. 그래서 속이 시커멓게 타들어간 우리의 딸과 아들일 뿐이다.

이 슬픈 전쟁의 방아쇠를 당긴 자 누구인가?

전월세의 씨를 말린 자는 누구인가?

서울의 젊은 부부를 김포로 내몬 자는 누구인가?

다름 아닌 임대차 3법을 속도전으로 밀어붙인 이해찬, 김태년, 김현미 등이다. (지은 죄가 워낙 크다 보니 그들은 지금 두더지가 되어 있다. 꽉의 낙서 1년 전 "속도전" 참조)

그래 좋다! 그러면 지금이라도 막힌 데를 뚫어주어야지 않는가? 우선 임대차 3법을 폐지해야 피가 돈다. 임대차 3법이 무엇이냐? 원리는 간단하다. 임대인 목을 졸라 겁나서 세 못 놓게 하다 보니 전월세 씨가 말랐다. 임대인이 직접 들어와 살든지 자녀에게 증여한다. 이게 임대차 3법 속도전의 역효과 아니더냐? 임대인도 임차인도 좌파 때문에 다 죽게 생겼다. 사람 좀 살고 보자. 그 다음 해결책은 임대차 3법 폐지하고 또 따져보자!!!

*도심은 청년주택, 임대주택 중심으로 건설하고 외곽은 중견주택 중심으로 건설해야 한다. 그래야 청년이 직주근접의 도심으로 돌아올 수 있다.

(2021년 7월 18일 꽉의 취중진담)

좀 더 좋은 집에 살 수 있는 자유3

제3계층은 진짜 자기 집에 살고 있는가? 주택의 공급이란 무엇인가? 왜 집값이 비정상적으로 폭등해서 온 국민을 괴롭히는가?

집값 역시 수요와 공급의 법칙에 의해 시장에서 자연스럽게 정해져야 한다. 그런데 무식한 문재인 정권이 주택시장에 공급을 늘리기는커녕 공급을 틀어 막아버렸다. *여기서 주택의 공급에 관한 중요한 개념 하나를 이해해야 집값 폭등을 이해할 수 있다(상식이지만).

시장에서 주택의 공급이란 어떤 의미인가?

새 집 짓는 것만을 의미하지 않는다. 지금 당장 집값이 하루가 다르게 뛰어 국민들은 벼락거지가 되고 있는데 언제 5~10년 걸리는 신규 주택에 목을 매고 기다리겠는가? 시중 집값을 결정하는 주택의 공급은 신규 주택의 공급뿐만이 아니다. [시장에 팔려고 나온 공급량]을 의미한다.

즉 주택의 [공급유통물량]이 줄어들면 집값은 오른다. [공급유통물량]이 사고자 하는 [수요량]보다 많아야 가격이 떨어진다.

그런데 지금 문재인 정권이 조성한 시장 상황은 어떤가? 시장에 팔려고 하는 물건이 있는가? 또 팔고 싶어도 팔 수 있는 시장인가? 왜 시장에 [유통물량]이 없나? (매물)문제는 징벌적인 세금이다. 양도소득세가 주민세 포함 50~82.5%까지 될 수 있다. 여기에 새로 집 살 때 내는 취득세, 중개수수료, 이사 비용, 인테리어 비용까지 포함하면 돈을 보태야 이사한다.

집 한번 잘못 팔면 폭망한다. 그래서 죽기 살기로 버티는 거다. 아니면 자식에게 (증여세 내고) 증여한다. 그러니 시장에 공급되는 매물은 품귀고 가격은 당연히 폭등할 수밖에 없다.

이 상황에서도 좌파들은 국민을 조금만 더 압박하면 못 버티고 매물이 나온다는 환상에 사로잡혀 있다. 단언컨대 그렇게 되면 매물이 시장으로 나오기 전 서민들의 삶이 풍비박산난다. 좌파 대통령이라면 이건 고민해야 한다. 자신을 지지하는 사람들의 삶과 직결된 문제이기 때문이다. 부자는 아직 견딜 만한 게 현실이다.

그러나 그들 사이에서 합리적 논의는 사라졌다. 합리적 논의는 변절자가 되는 지름길이다. 일단 변절자 낙인이 찍히면 그는 모든 선거에서 떨어진다. 이게 좌파의 국가 운영에 대한 의사결정 메커니즘이다. 그러는 사이 국민 모두가 '벼락거지'가 되어 버렸다. 모두가 세입

자이다. 내 집 사는 국민도 좌파정부의 재산 관리인에 불과하다.

예를 들어 달랑 아파트 한 채에 재산세 연(年) 500만 원 내면 좌파정부에 월 40만 원 월세 살이다. 종부세 2,000만 원 내면 비싼 월세 사는 셈이다. 재산세, 종부세 해당 없으면 주택구입 또는 전세자금 대출이자가 국가에 내는 월세이다. 그러다 집 팔아 남은 돈이 있다면 양도 소득세로 국가에 반납해야 한다. 이건 내 집이 아니라 영락없는 국가 소유다. 나는 문재인 정부의 충실한 재산 관리인이 되어 버렸다.

(2021년 7월 19일 꽉의 낙서 이제 지쳐서 '집값 얘기' 그만하겠습니다. 제발 재산 관리인 해촉해 주세요!!!)

문재인과 박진의 차이

1. 내로남불 편 가르기 대통령 對 국민통합형 대통령
2. 굴종적 구걸 거짓 대북평화 對 힘에 기초한 대북평화(상호주의에 입각한 평화)
3. 對中 사대주의 대 강력한 한미동맹
4. 과거지향 한일관계 대 미래지향 한일관계
5. 반시장적 부동산 정책 대 시장 친화적 부동산 정책
6. 소득주도성장 대 선진국 형 성장정책
7. 강성귀족 노조지원 정책 대 노동 탄력성, 유연성 제고 노동정책
8. 이념 지향적 교육정책 대 개방 혁신 교육정책
9. 현금 퍼주기(국가재정파탄) 복지정책 대 합리적 건전 재정 복지정책

10. 우물 안 개구리 대통령 대 글로벌 세일즈 대통령

외교안보 대통령 박진

'외교안보 대통령 박진'을 위한 표준화법 정리.

1. 외교안보와 경제는 하나다.

2. 먹고 사는 문제, 죽고 사는 문제.

3. 외교안보는 경제의 밑거름-밑거름을 잘 줘야 경제가 꽃 피고 열매 맺는다.

4. 경제는 '외교안보'라는 기초공사 위에 세워지는 빌딩이다. 기초공사가 잘 돼야 튼튼한 빌딩을 짓는다.

5. 따라서 대통령은 외교안보 전문가, 경제는 기업인이 꽃 피우는 것이다.

6. 외교안보 전문가 빠진 대통령 경선은 앙꼬 없는 찐빵이다.

외교안보 전문가 꼭 4강 가야 한다.

7. 이번 선거는 우물 안 개구리 리더십 대 글로벌 리더십 대결이다.

8. 외교안보 전문가의 글로벌 리더십으로 정권교체 이룩한다.

9. 외교안보 글로벌 리더십이 정권교체 & 정치혁명 두 마리 토끼 잡는다.

10. 외교안보 대통령 박진이 세상을 바꾼다.

의원님! 짧고 간략하며 인상적인 메시지가 반복적으로 나가야 할 것 같아 적어 봤습니다.

(2021년 8월 24일 짝)

'박진' 바람이 불기 시작한다!!!

어제는 그동안 말도 많고 탈도 많았던 국민의힘 대권주자들의 비전 발표회가 열렸다. 대권주자 12명이 처음 한 자리에 모여 국민들께 첫 선을 보이는 행사였다. 언론의 관심은 단연코 윤석열 그리고 홍준표의 툴툴대는 거친 입에 관심을 보였다.

그러나 판을 바꾼 한 후보가 있었다. 우리 동네에 지역구를 두고 있는 '박진' 후보였다. 한 마디로 박진은 비전 발표를 가장 잘한 후보 1위를 차지했다. 박진의 발표를 접한 네티즌들의 반응은

새로운 강자가 나타났다!!!

진짜 다크호스다!!!

난리 법석이다.

그보다 더 중한 것은 국민의힘 진성당원 그리고 정치에 관심이 아주 많은 대한민국 여론 형성층이 박진의 내공과 실력을 보았다는 점이다. 따라서 어제 비전발표회는 박진 후보 대반전의 터닝 포인트가 될 것이다.

지금까지의 지지율은 다 잊어야 한다. 2% 노무현이 광주 경선을 대반

전의 포인트로 삼아 대통령이 되었고, 최근에는 30대의 이준석도 한 달 만에 당대표가 되었다. 그만큼 세상은 달라졌다.

정보의 유통속도가 초 광속이다. 어디에 쓸 만한 인재가 나타나면 지지율을 뒤집는 것은 순식간이다. 어제 어떻게 해서 박진의 대반전이 일어났는가? 핵심 요점만 살펴본다.

12명의 후보 중 '박진'만이 자신의 말을 했다.

우선 다른 후보와 박진을 비교하자면, 장성민은 뻔지르르 해서 진실이와 닿지 않았고, 안상수는 코미디이고, 박찬주는 군인 물 좀 빼야 하고, 윤석열은 부자 몸조심에 급급했고, 황교안은 부정선거론자들의 표심 잡기 음모론 전도사, 홍준표는 교만하고 무성의하여 최하위, 하태경은 가벼운 대담 수준이고, 최재형은 역시나 교과서의 한계 노출, 장기표는 단식과 세월의 무게가 느껴지고, 유승민은 숙제를 내일로 미루는 오만함이 보였고, 원희룡은 진지한 감성플레이로 나름 성공… 반면 박진은 평소 자신의 철학과 소신을 담은 자신의 언어를 구사했다.

다시 말해 박진은 자신의 주무기인 [외교안보 대통령]을 역설하면서 세상이 어떻게 변하는지, 왜 외교안보 대통령이 필요한지, 외교안보가 어떻게 경제를 꽃피우는지, 뿐만 아니라 국민의 생명과 재산을 지키기 위해 한미동맹의 중요성과 대중·대북 정책에서 국익과 국가의 자존심을 역설했다. 또한 선진국 형 글로벌 리더십을 지닌 대통령으로서 G5 국가 도약이라는 나라의 미래상까지 제시하는 탄탄하고 균형 잡힌 7분간의 대반전 드라마였다.

연설 자세는 개방적이고 듬직했으며, 복장은 글로벌 리더에 어울리는 코디였고, 자세와 표정은 자신감이 넘쳤고, 목소리 또한 울림이 컸다. 우리는 이런 후보를 '준비된 후보'라 부른다. 쌍욕의 이재명은 박진의 적수가 안 된다. 쌍욕은 국제신사의 매너 앞에서 맥을 못 춘다.

(2021년 8월 26일 [파죽지세 '박진' 관전 평] 꽉. 후일 진중권도 박진을 비전 발표 1등으로 평가함)

박진의 선진국 형 대통령 論

우리 동네를 지역구로 두고 있는 국민의힘 박진 의원이 대권 도전의 출사표를 던졌다. 언론에 비친 박진 의원의 '출마의 辯'을 정리해 본다.

※박진은 왜 대통령 후보 경선에 참여했는가?

첫째, 지금은 글로벌 리더십을 갖춘 선진국 형 대통령이 필요한 시대이다. 즉 외치와 내치를 두루 아우를 수 있는 대통령論이다. 대통령은 內治 못지않게 外治도 잘해야 한다. 그러나 현재 대통령이 되겠다는 사람들 중에 외교 전문가는 없다.

바깥세상은 하루가 다르게 변하고 있는데 대권 후보들의 논쟁은 도토리 키 재기이고 우물 안 개구리이다. 따라서 외교통 박진이 대권에 도전하여 외교, 통상, 기후변화, 안보 등 글로벌 어젠다를 선거의 중요 쟁점으로 만들고 이를 발판으로 대권을 쟁취하겠다. 또한 박진이 집권하면 '지구상 최강의 한미 기술동맹'으로 경제는 물론 안보까지 튼튼한 나라를 만들겠다.

둘째, 통합형 리더십으로 정권교체 이루겠다. 윤석열은 선이 굵은 장비다. 최재형은 반듯한 관우다. 반면 박진은 외유내강의 통합형 리더 유비다. '유비 박진'이 통합 리더십의 진수를 보여주겠다. 즉 국민의힘 경선을 모범 경선으로 이끌어서 본선에서 승리하는 경선 판을 주도하겠다. 결국 국민은 경선 과정을 통해 박진의 참모습을 보게 될 것이다. 국민은 싸움꾼보다 글로벌 일꾼인 국민 통합형 대통령 박진을 선택할 것이다.

셋째, 자유의 에너지가 넘치는 나라를 만들겠다. 우리나라가 나아갈 방향은 자유선진 대한민국이다. 나라의 구석구석에 자유의 에너지를 불어넣어 '박진'감 넘치는 대한민국을 만들고 무너진 법치와 공정을 바로 세우겠다. 그래야 청년이 마음 놓고 미래에 도전할 수 있는 나라가 된다.

'박진'감 넘치는 선진국 형 대통령 '박진' 지역주민과 함께 글로벌 선진 대한민국을 만들기 위해 다 같이 힘 모아 [정권교체]다. 박진 의원은 정권교체를 위해 선봉에 서서 온몸을 던지겠다는 비장한 각오이다.

지역 주민의 한 사람으로서 박진 의원의 성공을 기원한다!! 그의 성공이 곧 대한민국의 승리이기 때문이다.

(2021년 7월 29일 대모산방에서 꽉의 기원)

보편 복지의 지름길은 시청료 폐지다

다수 국민을 상대로 마음대로 돈을 뿌리는 것은 복지가 아니라 매표 행위다. 진짜 보편적 복지의 참뜻은 국민의 일상적인 생활비를 줄여주는 데 있다. 예를 들면 교통비, 의료비, 교육비, 전기료 등의 문턱을 낮춰주는 것이다. 그렇게 되면 국민 누구에게나 필요할 때 필요한 만큼의 복지가 골고루 돌아가게 되는 것이다.

일반 국민이 기본적인 생활을 영위하는 데 큰 비용이 지출되지 않는 나라를 만드는 것이 보편적 복지의 취지이다. 그런 취지에서 볼 때 민주당의 전(全)국민 현금 살포 정책은 완전 사기이다. 왜냐하면 오른손은 현금 살포, 왼손은 TV 수신료 인상이기 때문이다.

진짜 시급한 보편적 복지는 현금 살포가 아니라 KBS TV 수신료 폐지이다. TV 수신료만 폐지해도 전 국민에게 그만큼의 부담을 덜어주는 것이다. 복지의 지름길을 놔두고 왜 먼 길로 돌아가는 '생쇼'를 하고 있는가? 산에서 길을 잃으면 절(寺)로 찾아가야 살 수가 있다. 절(寺) 놔두고 왜 헤매는가?

[2021년 7월 15일. 紫谷山邦(나라)]

[20대 대통령 선거 공약으로 제안]

[제왕적 대통령제 개혁을 위한 청와대 민정수석 폐지는 국민의힘 정책 공모에 공식 제안했으나 채택되지 못했다. 그러나 윤석열 1호 공약이 되어 만족한다.]

1. 제안 배경: "제왕적 대통령은 민정수석실에서 만들어진다."

우리나라 대통령제의 폐단을 말할 때 흔히 '제왕적 대통령제'라고 부른다. 특히나 개헌론자들은 개헌의 명분으로 '제왕적 대통령제의 폐단'을 꼽고 있다. 그렇다면 우리나라 대통령제는 어떤 이유에서 '제왕적 대통령'이라고 불리는가?

여러 측면의 요인이 있겠지만 그 중에서 "국가의 중추 사정기관이 대통령의 권력 아래 있다."는 뜻으로 해석된다. 즉 청와대가 검찰, 경찰, 감사원 등 국가 중추 사정기관을 통제하고 있다는 의미이다.

이러한 제왕적 권력 행사의 컨트롤 타워는 청와대 민정수석실이 맡고 있다. 따라서 제왕적 대통령제를 개혁하고자 한다면 청와대 민정수석실의 개혁이 우선이다. 그리고 가장 과감한 개혁의 첩경은 민정수석의 폐지이다.

그러나 문재인 정부는 집권 내내 검찰 개혁은 줄기차게 외치면서도 정작 청와대 제왕적 권력의 개혁은 눈길조차 주지 않았다. 청와대 민적수석실 폐지야말로 제왕적 대통령제 모순을 해결하는 유효한 방안이 될 것이다.

나아가 제왕적 대통령제를 제도적으로 개선하는 데 있어서 소모적인 개헌 논쟁보다 훨씬 쉽고 효율적인 대안이 될 것이다.

2. 지난 4년 동안 문재인 정부 청와대 민정수석실은 무슨 일을 했나?

문재인 정부의 민정수석실은 '내로남불'식 적폐 청산과 법치 파괴의 본부라는 오명이 어울릴 듯하다. 유재수 감찰 무마, 울산시장 부정선거 개입, 김학의 불법 출금 사건 등 국민의 비상한 관심을 끄는 '민주주의와 법치 파괴 사건'이 모두 청와대 민정수석실이 깊이 관련되어 있는 사건이다.

뿐만 아니다. 민정수석실의 어두운 모습은 민정수석실을 거쳐 간 수석과 비서관들 행적에서도 잘 드러나 있다. 조국, 백원우, 최강욱, 이광철 등 하나같이 사법처리 대상자들이다. 그리고 김조원, 신현수 등은 권력 핵심과의 갈등으로 중도하차했다.

이러한 음습한 민정수석실이 국민에게 끼치는 해악이 만만치 않다. 반면에 청와대 친인척 비리를 감찰하는 특별 감찰관은 공석이 된 지 오래이다. 이럴 바에야 차라리 청와대 민정수석실을 폐지하는 기구

개편이 절실하다.

3. 제왕적 대통령의 관한을 내각에 돌려줘라!

현재 대통령이 가지고 있는 제왕적 권한을 법무장관, 내무장관, 감사원장 등에게 나눠 주어야 한다. 그리고 총리의 권한을 책임총리로 강화시켜서 실효적 권력 분산 효과를 거두어야 한다. 대통령은 총리에게 실질적 각료 任免權을 행사하게 하여 총리를 통해 내각을 통괄하는 한편 각 사정기관 간 견제와 균형을 맞추도록 하여 국가의 부정부패를 예방하면 된다.

4. 결어-민정수석 폐지의 기대효과

첫째, 민정수석실 폐지 공약은 국민의 뜨거운 지지를 받게 될 것이다. 그동안 국민들에게 민정수석은 우병우부터 조국, 최강욱, 이광철에 이르기까지 부정적 이미지로 덧칠되어 있다. 따라서 민정수석 폐지로 속이 뻥 뚫리게 될 것이다.

둘째, 개헌하지 않고 제왕적 대통령제 해결할 수 있다.

셋째, 대통령이 스스로 권력을 내려놓기 때문에 더 이상 불행한 대통령이 나오지 않게 된다.

넷째, 청와대 비서실은 국방, 외교, 경제 등 정책 기능이 강화된다.

중도우파연합당을 출범시켜라!

국민의힘 입장에서는 이번 대선만큼 쉬운 게임이 없다. 왜냐하면 현재의 민주당이 (과거의 어느 민주당보다) 확실하게 좌측으로 치우쳐 있기 때문이다. 이는 강성 친문 덕이다. 따라서 이들을 중도로 나오지 못하게 강성 민주당의 틀 속에 고립시켜 두면 선거는 '게임 끝'이다. 선거는 결국 중원 싸움이기 때문이다.

그렇다고 방심하자는 얘기는 아니다. 민주당의 중도 진입을 어떻게 막을 것인가 하는 문제가 남아 있다.

중원의 승리를 위해서는 첫째로 기존의 [보수] 개념을 [중도우파] 또는 [중도보수]로 확장하자.

지금 상황에서 중도는 무주공산이다. 중도는 좌파의 失政에 염증을 느끼고 좌파로부터 멀어져 있는 상태이다. 이 기회에 중도의 땅에 [중도우파] 깃발을 꽂아야 한다. 중도를 향해 [중도+우파]가 원팀이라는 사인을 확실히 보내야 한다. [중도우파] 또는 [중도보수]라는 새로운 세력의 덩어리를 탄생시켜야 한다.

둘째, 국민의힘 당명을 [중도우파연합] 또는 [보수중도연합]으로 바꾸자. 약칭은 [연합당]이 될 것이다. 아니면 [중도보수의힘]도 좋다. 당명에 '중도'를 사용하는 것은 좌파의 중도 진입을 막는 막강한 바리게이트 역할을 하게 될 것이다.

셋째, 윤석열, 안철수를 [중도우파연합]에 합류시켜라. 윤석열, 안철수의 합류는 [중도우파연합]의 백미이다. 윤석열과 안철수의 합류를 위해서는 압박보다 자연스러운 명분이 필요하다. 윤석열과 안철수 없는 경선버스는 '마을버스'에 불과하다. 국민들 입장에서는 '마을버스'로 대선을 치르는 것이 불안하다.

(당시는 이준석의 경선 버스 정시 출발이 이슈였던 시기임.)

윤석열과 안철수를 태우고 목적지까지 갈 수 있는 '광역 리무진 버스'가 필요하다. 버스 기사 이준석은 [중도우파연합]이라는 '리무진 버스'로 승객에게 탑승 명분과 서비스를 제공할 의무가 있다.

이준석은 "장사 잘 되는 가계 이름을 왜 바꾸느냐?"고 반문한다. 그러나 [삼성]도 오늘날의 글로벌 기업이 되기까지 '삼성상회'에서 'SAMSUNG'으로 바꾸지 않았나?

(2021년 7월 23일)

국민의 사랑을 받기 시작한 '줄리'

좌파가 모르는 게 있다. 소설만 쓰면 다 이기는 줄로 알고 있다. 김대업, 바둑이, 생태탕 등이 대표적인 선거용 좌파 소설이다. 그러나 이번엔 천만의 말씀이다. 최근의 출간된 좌파소설의 제목은 『윤석열 죽이기』이다.

이미 베스트셀러가 되었다. 주인공 '줄리' 또한 상종가이다. 벽화와 노래까지 등장했다. 소설은 주인공 '줄리'를 통해 '윤석열 죽이기'를 시도하고 있다. 그런데 독자의 內心은 정반대로 흐르고 있다. 대중은 '줄리'에 열광할 준비를 하고 있다.

왜 작가의 의도와 달리 독자들 사이에 이상 반응이 나타나는 것인가?

첫째, '줄리'는 젊고 예쁘고 똑똑하다.

그리고 말수가 적고 다소곳하다. 뿐만 아니라 자신의 일에 성공한 사람이다. 독자들이 이러한 '줄리'의 매력에 빠지는 것은 당연하다. 작가의 『윤석열 죽이기』는 한낱 싸구려 질투의 표현에 불과했다.

둘째, 國母의 시대는 지나간 지 오래다.

지금이 어느 시대인데 쌍팔년식 國母를 논하나? 빛바래고 날조된 결혼 전 사생활로 국민을 미혹하려 하는가? 번지수를 한참 잘못 짚었다. “그래, 설혹 ‘줄리’였으면 어쩔 건데?” 이것이 독자의 반응이다.

셋째, ‘줄리’ 덕분에 지아비 윤석열은 더욱 빛난다.

‘줄리’를 아무리 매도한들 윤석열은 한 지아비로서 한 치의 흔들림도 없다. ‘줄리’, 그리고 때로는 고양이들과 함께 망중한을 즐길 뿐이다. 윤석열은 미인을 얻은 영웅이 되고 있다.

우리 시대의 ‘줄리’는 마치 아르헨티나의 국민 영웅 ‘에바 페론’을 보는 듯하다. 그녀는 어떤 상황에서도 자신을 귀엽고 예쁘게 가꾸려고 노력했다. 지금도 우리는 ‘에바 페론’을 연상하며 뮤지컬 〈에비타〉 노래를 듣곤 한다.

“나를 위해 울지 마오, 아르헨티나여!”

아니면 우리 시대 최고의 戀書를 남긴 ‘똑똑하고 당돌한 신정아’의 모습을 보는가? 이들은 모두 대중의 뜨거운 사랑을 받은 존재들이다.

이제 줄리는 윤석열만의 부인이 아니다. 앞으로 대중의 사랑을 한몸에 받게 될 국민 친구 줄리다. 국민 친구 줄리가 윤석열을 대통령으로 만들 것이다.

이는 전적으로 『윤석열 죽이기』의 좌파 소설가 덕분이다.

고맙다!!!

(2021년 8월 1일)

이재명 대선후보 부적격論

인터넷 유튜브 상에는 이재명 쌍욕 소리가 여과 없이 떠돌고 있다. 정상적인 국민들은 듣기가 민망해서 차마 끝까지 들을 수 없다. 이에 대해 대선 후보 이재명은 쌍욕사실을 인정하고 사과했다.

이게 도대체 사과로 될 일인가? 대한민국 대권 후보의 수준이 이래도 되는 것인가? 민주당은 쌍욕의 大家를 대통령 후보로 내세워도 되는 것인가? 민주주의란 이런 것인가? 이런 근본적인 의문이 생긴다. 그래서 이재명 쌍욕 '대권 후보 불가사유'를 정리해 본다.

첫째, 국민들은 TV 화면에 '욕쟁이' 후보가 등장하는 모습을 보고 싶지 않다. 국민이 인격 파탄자의 헛소리를 듣고 있어야 할 이유가 없다. '욕쟁이'를 공중파에 출연시키지 마라. '욕쟁이' 출연하는 민주당 당내 경선을 TV 중계하지 마라, 제발.

둘째, '욕쟁이' 대권 후보는 청소년을 욕쟁이로 만드는 산 교육장이다. ('아! 저렇게 쌍욕을 해도 대통령을 할 수 있구나!')

셋째, 민주당은 '욕쟁이 후보 보유당'이다. 입만 열면 "김대중, 노무현을 배출했다."고 자랑하는 정당이 어쩌다 '쌍욕 후보 정당'이 되었나?

넷째, '욕쟁이 이재명'은 국격을 떨어뜨린다. 바지나 내리고 형수에게 쌍욕을 하는 者를 대권 후보로 언제까지 봐야 하나?

민주당과 민주당원에게 고한다. 일말의 양심이 남아 있다면 이재명을 스스로 걸러내라. 그게 국민에 대한 최소한의 도리이다. 이재명 [후보 부적격論]의 답장을 기다린다.

(2021년 8월 2일)

보수의 鷄肋 이준석(제1탄)

요즘 국민의힘이 이준석 리스크로 몸살 중이다. 몸살 정도가 아니고 급성 폐렴으로 악화될 조짐이다. 특히 이준석 리스크가 문제되는 것은 이준석 리스크와 윤석열 지지도가 맞물려 돌아가고 있기 때문이다. 이준석 리스크가 증폭되어 국민의 힘이 시끄러워지면 윤석열의 지지도는 이준석 리스크에 반비례하여 하락한다. (이게 윤석열 입당 리스크 중 하나!)

이는 최근 여론조사 추이가 잘 입증하고 있다. 이를 두고 혹자는 이준석이 유승민을 밀기 위한 노림수라고 말한다. 그러나 이러한 작전 음모론보다 더 중요하고 심각한 문제가 있다. 만약 윤석열의 지지도가 더 빠진다면 정권교체 추동력은 급속히 떨어지게 된다. 그렇게 되면 4.7 서울시장 보궐선거 이후 겨우 찾아온 우파의 정국 주도권이 좌파 손에 다시 넘어가게 된다. 그나마 지금 우파를 지탱하고 있는 힘은 윤석열의 지지율이라는 사실을 자각해야 한다. 왜냐하면 지금도 그렇고 앞으로도 야권에 윤석열 이외에 다른 현실적 대안이 나타나기 어렵기 때문이다.

그러므로 윤석열의 지지율 하락은 곧 바로 3.9 대선 비상이다. 그럼에도 불구하고 당대표 이준석은 윤석열 까기에 여념이 없다. 이준석은 그동안 보수의 희망이었다. 그러나 지금 이준석은 아군의 1위 대권주자와 싸우면서 우파를 벼랑으로 몰고 있는 중도우파의 X맨이다. 안타깝다. 30대 당대표 이준석이 싸워야할 상대는 윤석열이 아니다. 이준석은 윤석열과의 싸움을 중지하고 미래시대와 치열하게 투쟁하기 바란다.

그 길만이 당대표 이준석이 '우파 鷄肋'의 오명을 벗는 길이다.

(2021년 8월 16일)

윤희숙 파문의 본질적 질문

나는 우상호의 농지법 위반이 별 거 아니라고 생각한다. 이낙연 부모의 묘지 파동 또한 마찬가지이다. 왜냐하면 밭뙈기 몇 백 평쯤 사서 부모 산소 10~20평 쓰고 나머지는 주말농장 채마밭으로 쓰는 게 뭐 그리 문제가 있나? 사실 자본주의 국가라면 그 정도의 자유는 보장되어야 한다. 이번 윤희숙 파문도 마찬가지이다.

윤희숙의 부친이 耕者有田의 원칙에 어긋나게 농지를 매입했다는 것이 핵심이다. 따라서 윤희숙의 부친은 농지법을 위반했고 그 책임을 윤희숙이 진다는 것이다. 그러니까 윤희숙의 부친은 농사도 짓지 않으면서 왜 농지를 매입했느냐는 것이다.

그렇다면 농민만 농지를 매입할 수 있다는 耕者有田의 원칙은 금과옥조인가? 농경사회 시대에 형성된 법률문화가 과연 4차 산업 6G 시대에 부합하는 법률이 될 수 있는가?

이미 수도권의 농지는 농지로서의 가치보다 수백 배의 다른 가치들을 만들어내고 있는 것이 현실이다. 그러다보니 대문만 열고 나가면 그린벨트 농지에 각종 물류창고와 전원주택이 즐비하다. 따라서

耕者有田의 원칙은 현실에서 이미 사문화된 법 개념이다.

그럼에도 불구하고 耕者有田이 농지법 위반의 빌미가 되어 국회의원 목 날리는 단도가 되고 있다. 한 마디 덧붙이자면 국회의원 가족이 무슨 무소유의 禪僧이라도 되라는 말인가?

(다만 국회의원의 가족이니 사회적으로 지탄받을 만한 범법 행위에 대하여 더욱 엄격할 필요는 있다.)

그러나 윤희숙 파문과 같은 마녀사냥 식의 비이성적인 사회적 논란의 구조가 민주주의를 좀 먹고 있는 것이다.

우리 사회가 공정과 상식의 사회가 되기 위해서는 이런 문제에 좀 더 솔직하고 용감해야 한다.

윤희숙은 이 싸움에서 비열한 놈들의 이름을 호명했다. 그러나 나라를 위해 진짜 필요한 것은 자본주의 정신과 시대에 맞는 법과 제도의 정비이다.

(2021년 8월 30일)

역선택으로 크는 홍준표

국민의힘 대권주자 경선 시작을 앞두고 홍준표의 지지율 상승이 두드러져 보인다. 홍준표는 윤석열과의 경쟁에서 추석 전후로 골든 크로스를 이룰 것이라고 큰소리치고 있다. 이러한 홍준표의 갑작스런 지지율 상승은 어디서 왔나?

제1단계는 좌파 스피커들의 전폭적인 홍준표 지지에서부터 시작된다. 김어준이 홍준표를 방송에 부르고 윤석열을 조지게 유도하면서 은근히 홍준표를 치켜세운다. 그러면 이를 한겨레와 경향 등 종이신문이 보도한다. 이러한 은밀한 여론조작은 KBS, MBC 등 방송매체를 거치며 반복된다. 여기에 대깨문 일당도 SNS 등을 통해 윤석열 죽이기에 가세한다.

제2단계는 김어준과 조국이 좌표를 찍어주면 '대깨문'들이 부지런히 퍼 나르며 각개전투를 벌인다. 참고로 '대깨문'들은 정치적 편향성이 잘 훈련된 병사들이다. 그들은 1당 100을 상대하는 골수 좌파들이다. 이들이 역(逆)선택에 눈치껏 자발적으로 참여하는 전사들이다. 홍준표의 두 자리 수 지지율을 만든 일등 공신들이다.

3단계는 사이비 여론조사 기관에 의한 여론조사 마사지 단계다. 현재 우리나라의 민주주의를 심각하게 위협하는 3대 요소는 드르킹류의 사이버 여론조작, 여론조사 마사지, 그리고 국가예산 돈 뿌리기라 할 수 있다. 좌파 성향의 사이비 여론조사 기관들이 적당히 마사지된 여론조사 수치를 발표해서 홍준표를 띄운다.

이러한 세 단계의 여론조작 과정이 반복되면서 좌파들은 홍준표를 2강 후보로 만들어 가고 있는 중이다. 대중들은 조작된 여론조사 수치를 점점 당연하게 받아들이게 된다. 불행하게도 대중은 중독 상태에 빠지게 된다. 어쨌든 '역(逆)선택'이 지지율 5% 대에 머물던 홍준표에게 마중물이 된 것은 분명하다.

결론적으로 좌파의 윤석열 죽이기 프로그램이 홍준표 지지율을 10%대로 끌어올린 것이다. 그렇지 않으면 홍준표의 갑작스러운 지지율 반등을 설명할 방법이 없다. 이를 두고 홍준표는 자신의 '확장성'이라고 말한다. 하지만 홍준표가 좌파의 의도대로 범야권 대권후보가 되는 상황이 된다면 좌파는 홍준표가 물고 있던 젖병을 매몰차게 빼앗을 것이다.

오늘의 홍준표 친구들인 김어준, 유시민, 손석희는 곧바로 홍준표의 적으로 돌변하여 홍준표의 목에 비수를 겨누게 마련이다. 그때 가서 우파가 후회한다 해도 이미 때는 늦을 것이다. 이것이 역(逆)선택의 위험성이다. 홍준표는 즉시 좌파가 물려준 젖병을 집어 던져라.

(2021년 9월 4일)

이낙연의 치명적 실수들

이낙연은 한때 대선후보 지지율 40%~50%대를 넘나들며 DJ를 잇는 호남 대통령의 큰 꿈을 이루는 듯했다. 따라서 호남의 민심도 이낙연에 대한 기대에 한껏 부풀어 있었다. 그러나 그로부터 1년 6개월이 지난 지금 이낙연은 국회의원 자리까지 내던져야 하는 다급한 처지가 되었다.

왜 이런 현상이 벌어졌는가?

호남은 왜 호남 대통령 이낙연 대신 경상도 출신 이재명을 택했나? 아이러니가 아닐 수 없다. 그러나 자세히 들여다보면 원인 없는 결과는 없다. 다시 말해 이낙연 정치 행보에 결정적 실수가 있었기 때문이다. 여기에 더해 굳이 또 하나의 이유를 들자면 호남인의 전략적 투표 행태에서 그 원인을 찾을 수 있다. 그렇다면 그동안 이낙연의 정치행보에 어떤 치명적 실수가 있었단 말인가?

첫 번째 실수는 4.15 총선에서부터 시작된다.

국무총리를 사임한 직후 이낙연의 인기는 상종가였다. 4.15 총선에 이낙연은 종로에서 출마했다. 이낙연은 종로에서 황교안을 상대하면서도 한편으로 당의 공동선대위원장을 맡아 전국 지원 유세를 다닐 정도로 여유가 있었다.

이 시절 이낙연의 인기는 거의 차기 대통령 수준이었다. 특히나 호남에서는 민생당 후보마저 이낙연에 대한 구애 작전이 유일한 선거운동이었을 정도였다. 그러나 호남인의 선택은 순수 호남당인 '민생당'을 죽이고 더불어민주당을 선택했다. 말하자면 호남에서 순수 호남당의 씨를 말린 것이다. 이는 오로지 이낙연 호남 대통령 만들기에 대한 호남인의 응답이었다.

박지원, 정동영, 천정배, 유성엽, 황주홍, 김경진 등등을 줄줄이 낙동강 오리알 신세로 만드는 대신 이낙연을 선택한 것이다. 이는 이낙연과 호남인의 큰 실수였다. 앞으로 이낙연의 울타리가 되어줄 DJ의 맥을 이어오던 '민생당'을 없애버린 것이다. 겨울 내내 바람막이가 되어줄 울타리를 당장 춥다고 아궁이에 땔감으로 처박은 것이다.

만약 지금까지 민생당이 살아있다면 이낙연의 위상이 이렇게 추락하지는 않았을 것이다. 또한 호남인들이 DJ를 잇는 호남 대통령론을 이렇게 일찍 포기하지도 않았을 것이다. ('꽉의 낙서' 호남 4.15 총선 참고) 어쨌든 민생당 말살이 이낙연의 첫 번째 치명적 실수였다.

두 번째 이낙연의 결정적 실수는 7개월짜리 당대표 도전이었다. 이낙연은 60%가 넘는 득표율로 당대표에 당선이 되었다. 그러나 이낙연이 당대표에 당선되는 순간 이낙연의 앞길을 막고 나선 것은 전임 당대표의 막강한 영향력이었다. 신임 당대표 이낙연은 전임 당대표 이해찬을 상왕으로 모시게 된 것이다.

이로 인해 이낙연은 지도자로서의 자질을 의심받으면서 이낙연 대망론은 서서히 무너지기 시작했다.

세 번째 실수는 박근혜 사면 건의다. 박근혜 사면 건의가 청와대와 사전 조율을 거친 작품이라는 것은 상식이다. 그럼에도 그 역풍을 이낙연이 혼자 독박을 쓰면서 지지율이 반 토막 났다. 이 또한 상왕 이해찬의 재가를 받지 않은 이낙연 홀로서기 도발 탓으로 추측된다. 어쨌든 이낙연은 박근혜 사면론에 우왕좌왕하면서 또 한 번 지도자의 자질을 의심받는 계기가 되었다.

네 번째, 이낙연의 기를 꺾은 결정타는 측근의 자살이다. 자살한 측근은 전남지사 선거과정에서 이낙연을 위해 옥살이까지 한 측근이다. 그런 그가 이번에는 라임, 옵티머스 사건에 연루되어 검찰 조사를 받는 중에 검찰청 인근에서 스스로 목숨을 끊는 사건이 발생했다. 이는 이낙연의 氣가 완전 꺾이는 결정적 內傷이었다. 이런 이낙연의 부침 속에 호남은 호남 대통령 이낙연을 포기한 것으로 보인다.

(2021년 9월 10일 月刊 꽉의 낙서, 他山之石)

대장동 게이트의 핵심

대장동 게이트의 핵심은 대장동 개발 사업을 추진함에 있어 '왜?민관복합개발 방식을 택했나?'에 있다. 결론부터 말하자면 대장동 택지개발 사업은 민간사업자인 화천대유 일당에게 7,000억 원의 돈벼락을 안겨줄 이유가 전혀 없는 사업이었다. 왜냐하면 성남시에는 택지개발 사업을 주 임무로 하는 성남도시개발공사가 있다. 즉 성남도시개발공사는 성남시의 LH공사 격이다. 따라서 금싸라기 땅인 대장동 개발 사업은 성남도시개발공사가 직접 시행하고, 그에 따른 1조원 이상의 이익금은 성남시민이 챙겨야 하는 프로젝트였다.

그런데 어찌된 영문인지 성남도시개발공사는 자리만 펴주고 슬쩍 뒤로 빠졌다. 결과적으로 성남시는 시행사업의 엄청난 과실을 화천대유에게 갖다 바친 셈이다. 이에 대하여 최종 결재권자인 이재명은 뭐라고 말하나?

리스크는 민간에 떠넘기고 성남시는 이익금만 챙겼다는 논리이다. 과연 그런가? 市長이 리스크를 민간에 떠넘긴다는 발상도 잘못 되었지만 이는 진실을 호도하는 혹세무민이다. 왜냐하면 택지개발 사업의 리스크라 하면 토지매입, 자금조달, 각종 인허가, 민원해결, 분양 안전성 등을 들 수 있다. 그러나 이러한 리스크 요인은 성남도시개발공사가 이 사업에 참여함으로 인해 99% 자동해결되는 사항이다. 따라서 성남시 없이 민간 독자개발은 구조적으로 불가능한 사업이다. 아니면 아주 어려운 사업이다. 다시 말해 성남도시개발공사가 사업에 참여하는 순간 토지매입은 토지수용이 가능해진다.

또한 각종 인허가와 민원은 성남시의 전폭적인 지원을 받아 일사천리로 진행된다. 뿐만 아니다. 대장동은 금싸라기 땅으로 이미 판명이 나 있었다. 남서판교의 끝자락 대장동은 분양 리스크도 전혀 없는 사업이었다. 따라서 금융기관으로부터의 자금 PF도 전혀 문제가 없는 그야말로 땅 짚고 헤엄치기 사업이었다. 말하자면 성남도시개발공사의 대장동 개발사업 참여로 인해 사업시행자는 (금융기관의 자금 PF 핵심 고려사항인) 토지매입, 인허가, 민원 등이 한방에 해결되었다는 것이다

이러한 혜택을 누리고 사업 참여 신청 하루 만에 우선협상대상자로 선정된 회사가 '성남의뜰' 컨소시엄이다. 성남의뜰 자본금은 50억 원이다. 그 중 50%인 25억 원을 성남도시개발 공사가 부담했다. 여기서 또 하나의 중요한 단서가 포착된다. 성남도시개발공사는 조 단위 사업에 과연 25억 원을 조달할 능력이 없어서 민간 사업자를 끌어들였나? 그것도 개발이익 7,000억 원을 챙겨간 화천대유 일당이 납입한 자본금은 고작 7%에 불과한 3억 5,000뿐이다.

그래서 선수들은 작전대로 이재명의 성남시와 성남도시개발공사를 바지로 세웠다, 아니면 처음부터 짜고 치는 고스톱이었다. 이는

앞으로 밝혀질 것이다.

이때부터 선수들의 기술은 더욱 빛났다. 일단 사업 걸림돌 황무성 사장을 쫓아내고 이재명이 내려 보낸 유동규와 한 배를 탔다. 화천대유, 천화동인, 우선주, 보통주, 특정금전신탁 등에 성남시에 떼어준 5,000억을 적당히 비벼서 성남시민의 눈과 귀를 가렸다. 그리고 그들은 1조 가까이 챙겼다.

이재명은 답해야 한다.

첫째 7명 3억 5천을 투자한 사람들이 어떻게 리스크를 진다는 것인가? 처음부터 화천대유를 밀어주기 위해 짜고 친 고스톱이 민관복합개발 방식 아니었던가? 성남시는 무엇 때문에 화천대유와 손을 잡았단 말인가?

둘째 이재명 대장동 설계자이다. 단군 이래 최고 치적 사업이다. 이는 대장동 개발이 이재명 시장 최고 역점 추진 사업이라는 말이다. 그렇다면 이재명 시장은 시장실에 상황판을 설치하고, 주기적으로 보고받고, 확인하고, 결재하는 것은 기본이다. 유능한 이재명 시장이 중요한 고비 고비 자동 개입하지 않을 수 없는 사업이다.

이재명이 피할 길은 없는 거 같다.

(2021년 9월 21일 추석단상 '꽉의 낙서' 추석 명절 인사로 가름합니다. 행복한 명절 보내십시오. 대장동 게이트 초기에 썼던 낙서임.)

닭의 모가지를 비틀어도 대장동의 새벽이 온다

〈약탈의 시대, 겁박의 정치〉

불현듯 YS가 그리워지는 새벽이다. 지금 YS가 야당 총재 또는 야당의 대권후보라면~~~? 오징어 게임이 되어버린 대장동 게이트의 게임 방정식을 어떻게 풀어낼까? 아마도 성남시장실 내지 경기도지사 사무실로 돌진하지 않았겠나? 그러다 보면 언론의 카메라와 국민의 이목은 연일 YS의 일거수일투족에 집중되었을 것이다.

이어서 야당의 울타리를 믿는 성남시 관계 공무원이 자살 대신 야당 당사를 찾아 양심고백을 이어갔을 것이다. 이에 자극받은 국민들은 이재명 타도와 정권교체를 외치며 거리로 나왔을 것이다. 그러나 안타깝게도 아직까지 온 나라는 이재명의 겁박과 요술에 기가 죽어 있는 형국이다.

YS가 살아서 야당 총재를 하고 있다면~~~ 감히 야당에 덮어씌우기를 한다든지, 아니면 함부로 국민을 겁박하지는 못할 것이다. 그러나 불행하게도 오늘의 야당에는 국민이 의지할 정치 거목이 없다. 그래서 윤석열을 불러들인 것이다. 윤석열이나 되니까 맷집으로 버텨내는 중이다.

뭐라고? 이해찬이 보수를 괴멸시킨다고? 국정원장 박지원은 호랑이 꼬리를 밟지 말라고 으름장을 놓는다. 대장동 비리의 그분은 완전 적반하장이다. '국민의힘 게이트', '봉고파직', '위리안치'를 외치며 대통령이 다 된 듯 큰소리를 친다. 그러나 곧 닭 울음소리가 들리고 새벽이 온다. 대장동에 진실의 종이 울리고 진실의 문이 열린다. 동 트기 전 새벽이 유난히 어둡고 추운 법이다.

(2021년 10월 2일 꽉의 낙서)

이재명의 김일성 따라 하기 전략

〈김일성은 6.25가 북침, 이재명은 대장동이 국힘 게이트〉

김일성 집단은 6.25를 북침이라고 주장한다. 민주당과 이재명은 대장동 게이트를 국민의힘 게이트라고 한다. 이재명과 민주당의 이런 덮어씌우기 수법은 어디서 배운 것인가? 아마도 큰 거짓말에 능숙한 김일성에게서 배운 수법이 아닌가 싶다. 북한은 수많은 역사적 사실 앞에서도 '6.25는 북침'이라고 생떼를 쓴다.

이재명은 어떤가?

대장동은 경기도 성남시에 있고 당시 성남시장은 이재명이고, 대장동 같은 대규모 개발 사업은 성남시장의 핵심 역점사업이 아닐 수 없다. 게다가 이재명은 대장동 돈 잔치의 밑그림을 그린 설계자라고 얼떨결에 자백까지 했다. 뿐만 아니다.

성남시장이라는 자리는 대장동의 최종 결재권자이고 또한 최종 책임자이다. 이는 행정의 기본이고 상식이다. 이걸 몰랐다면 이재명의 '기본 시리즈'에서 '기본'이 빠진 것이다.

그럼에도 이를 '국민의힘 게이트'라고 하는 것은 "6.25가 북침!"이라고 주장하는 김일성의 말과 한 치도 다를 바 없다. 거짓말도 자꾸 들으면 진짜같이 들린다. 이게 김일성과 이재명의 닮은꼴 선동술이다. 김일성은 적화통일 실패의 제물로 박헌영을 택했다. 무기징역 감 유동규는 대장동의 제물이 되나? 오늘 오전에 있었던 경기도 국정감사 현장 중계를 잠깐 보다가 치웠다. 깊은 무력감에 빠졌다….

국감장에서 보여주는 국민의 힘 국회의원들의 내공으론 이재명의 철판 가면을 찢기 어렵다고 느꼈다. 국민이 직접 이재명의 가면을 찢는 수밖에 없는 거 같다.

(2021년 10월 18일 꽉의 낙서 한숨)

윤석열과 홍준표 비교

나의 결론은 [윤석열 상대적 지지, 홍준표 비토]다. 그리고 원희룡 성원, 유승민 실망이다. "순간의 선택이 10년을 좌우한다."는 광고 카피(copy)가 대히트를 친 적이 있었다. 이번 국민의힘 대통령 후보 선택은 [대한민국 100년의 선택]이 될 것이다.

만약 우리가 (전과 4범 후보) 이재명을 제압할 검투사를 잘못 선택한다면, 우리는 맹수의 먹잇감이 되고 말 것이다. 이러한 시대적 사명감을 갖고 나의 한 표를 윤석열에게 던지기로 결심했다. 내가 홍준표를 비토하고 윤석열을 택한 10가지 이유를 적어본다.

첫째, 그릇의 크기가 다르다.

윤석열은 대접이고 홍준표는 간장 종재기다. 윤석열은 봉급 봉투 털어 후배들에게 술을 사지만 홍준표는 원내대표 특활비를 마누라 통장에 꼬박꼬박 꽂아준다. 이건 진짜 공인으로서 자격 미달이다. 구청장 감도 못 된다. 정계은퇴 깜이다

둘째, 윤석열은 조직을 지키지만 홍준표는 내부 총질이 전문이다.

그럼에도 불구하고 홍준표는 자신이 당을 지켰다고 헛소리치고 있다.

셋째, 윤석열은 국민의 부름과 지지를 받고 등장했다.

윤석열은 늘 강자와 한 판 뜨기를 즐긴다. 반면 홍준표는 좌파가 물려준 젖병을 물고 컸다. 역선택이 홍준표의 마중물이 되었다. 조국의 위선을 규탄하려고 100만 시민이 광화문 광장에 운집할 때 홍준표는 어디 있었나?

넷째, 윤석열(우파)의 敵은 홍준표의 친구이다. 김어준, 유시민, 손석희, 조국 등은 홍준표의 암묵적 후원자이다. 우파가 분노할 때 홍준표는 숨어서 좌파 스피커들과 낄낄대고 놀았다. "조국 수사 과했다." "손석희는 참 언론인" 등등 구체적 사례는 부지기수다.

다섯째, 윤석열은 우직하고 홍준표는 가볍다.

윤석열은 강철이고 국민 맷집이다. 그러나 홍준표는 바람 한 번 불면 날아간다. 홍준표를 지지하는 역선택은 본선에서 썰물처럼 빠져서 이재명에게 간다.

여섯 번째, 윤석열은 사람이 붙는다.

홍준표는 붙었던 사람도 떨어져 나간다. 한나라의 대선 후보 후원회장이 '지 각시'란다. 코미디가 따로 없다. ("지 각시"라는 표현은 홍준표가 방송에서 윤석열을 향해 먼저 사용했다.)

일곱 번째, 윤석열은 살아있는 권력과 홀로 싸운 검투사다. 반면 홍준표는 두 번의 큰 선거를 망치고도 뻔뻔하게 다시 돌아온 기회에 강한 사람이다.

여덟 번째, 윤석열은 잘못과 부족을 시인하고 겸허하게 받아들인다.
반면 허풍선이 홍 깡통은 뻔뻔하기 짝이 없다. 혼자 똑똑한 척 큰 소리치다 무식이 탄로 나면 대통령 되면 잘할 수 있다는 궤변을 늘어놓는다. (토론회 원희룡 질문 답변.)

이번 선거는 어차피 최선이 아닌 차선의 선택이고 상대적 선택이다. 그리고 우리는 윤석열과 홍준표 둘 중 하나를 선택해야 할 함정에 빠져 있다. 나는 인간 홍준표를 미워하는 것이 아니라 홍준표의 정치 행태를 미워한다. 또한 이재명과 싸워서 이길 후보를 찾는 중이다.
원희룡은 다음을 기다리자. 윤석열에게 공정과 상식 위에 [깨끗하고 강한 나라, 편안한 국민세상] 만들어 달라는 부탁을 하면서 상대적 지지를 보낸다.
(2021년 10월의 마지막 날, 꽉의 낙서, 시력 침침해서 낙서를 쉬다가 윤석열이 살얼음 승부를 하는 듯해서 한 표라도 보태기 위해~ 정권교체 대모산 사령부)

윤석열이 극복해야 할 和尙들

오늘 국민의힘 대통령 후보로 윤석열이 선출되었다. 축하하고 환영한다. 그러나 윤석열이 청와대에 입성하기까지는 좋든 싫든 함께 해야 할 和尙들이 있다.

[※和尙이라는 표현은 절(寺)집에서 쓰는 용어로 종종 道伴들끼리도 농담 삼아 상대를 높여서 일컫는 호칭이다.)

"사람의 일생은 무거운 짐을 지고 먼 길을 가는 거와 같다."

다음에 열거하는 和尙들은 윤석열이 짊어진 짐을 나누어지고 함께 가는 도반일 수도 있다. 아니면 윤석열에게 더욱 무거운 짐을 지게 해서 윤석열의 청와대 입성을 좌절시킬 수도 있는 내부의 적일 수도 있다.

和尙 5인방을 꼽아 보겠다.

첫 번째는 大和尙 김종인이다

다시 말해 김종인 상왕이다. 김종인은 자신에게 권력이 주어져야 움직이는 인물이다. 문제는 "사람에게 충성하지 않는다."는 윤석열이 전권을 요구하는 김종인 和尙을 어떻게 극복할 것이냐 하는 것이다.

김종인은 윤석열이 통과해야 할 첫 번째 관문이다. 김종인이 지휘봉을 잡게 되면 기존 윤석열 캠프에는 칼바람이 불 것이다. 뿐만 아니라 안철수와의 연대도 어려울 것이다. (홍준표도 마찬가지다.) 윤석열 선대위에서 준비한 김종인의 의자 크기를 보면 대강의 정국 흐름을 짐작할 수 있을 것이다.

두 번 째로는 童子 和尙 이준석이다

이준석은 과연 우파 집권의 도우미가 될 것인가? 아니면 걸림돌이 될 것인가? 우파가 집권에 실패한다면 안철수를 후보로 방치한 이준석의 책임이 크다.

그러나 이준석 역시 윤석열이 안고 가야 할 화상이다.

세 번째 화상은 홍준표다

홍준표가 깨끗이 승복했다. 독고다이 홍의 멋진 장면이다. (경선 당일 상황.) 앞으로 홍준표 지지자들의 윤석열에 대한 불신을 걷어내고 그들로부터 당원동지의 한마음을 얻는 것은 오롯이 윤석열의 몫이다. 따라서 41%의 지지를 받은 홍준표 역시 윤석열이 넘어야 할 또 하나의 和尙이다.

네 번째로 윤석열이 극복해야 할 화상은 안철수다

안철수의 계산은 민주당 이낙연 낙수 표와 국민의힘 패자에게서 떨어져 나온 낙수 표를 모으는 전략이다. 여기에 더해서 안철수가 기대하는 상황은 대장동으로 정치판의 지각 변동이 일어나기를 기다리고 있다. 즉 민주당 플랜B가 가동되는 혼돈 상황을 기다리고 있다.

안철수의 목표는 일단 15%이다. 정치는 상황의 생물이다. 안철수의 전략이 현실화되면 윤석열에게 큰 위협이 될 것이다. 이때 윤석열이 선택할 수 있는 카드는 안철수를 품는 '중도우파연합'黨을 만들어야 한다. 그래야 정권교체가 가능해진다.

다섯 번째 和尙은 북의 김정은이다

대선 정국에서 김정은 리스크를 간과하는 것은 순진한 생각이다. 김정은 전담팀을 꾸려서 김정은 장난질을 미리 예방하고 항상 신속대응해야 한다.

결론은 한 마디로 윤석열이 김종인, 이준석, 홍준표, 안철수, 김정은 등을 잘 관리해야 청와대 입성이 순탄하다는 것이다.

(2021년 11월 5일)

내가 윤석열이다(1)—2030 전략

시대의 대세는 2030이다. 2030이 대선정국을 쥐고 흔들고 있다. 그렇다면 윤석열의 2030 전략은 무엇이 되어야 하나? 윤석열이 치고 나가야 할 2030을 향한 메시지를 적어본다.

첫째, 윤석열은 스펙 파괴 시대를 열겠습니다.

'조민'의 스펙이 무슨 의미가 있습니까? 이 시대 스펙은 청년의 족쇄일 뿐입니다.

둘째, 서열 파괴의 시대를 열겠습니다.

4차 산업혁명 시대에 서열은 장식품에 불과합니다.
아울러 대학의 서열 파괴를 통해 교육개혁의 단초를 마련하겠습니다.

셋째, 윤석열은 청년 빈부격차 해소의 시대를 열겠습니다.

이 시대 아빠 찬스는 청년에게 3포 시대를 강요했습니다. 청년 빈부격차 해소를 통해 젊은이에게 도전의 용기를 심어 드리겠습니다.

(2021년 11월 15일)

5년여 전 문재인 정권은 취임사에서 기회는 평등하고, 과정은 공정하며, 결과는 정의로울 것이라는 말에 국민들은 커다란 희망을 갖고 아낌없는 지지를 보냈습니다.

그러나 기회는 평등하지 않았고, 과정은 불공정하였으며, 그 결과 우리 대한민국의 자유민주주의의 근간이 되어온 진실과 정의는 땅에 떨어졌습니다.

이에 실망을 넘어서 크게 화가 난 국민들은 정권교체를 위해 분연히 일어서기 시작했습니다. 여기 대모산 사령부도 그들의 한 축으로 정권교체에 일익을 담당했다는 점에 커다란 자부심을 갖습니다.

-임대호, 대모산 호랑이(전 금융 전문인)

내가 윤석열이다(2)—대표 슬로건의 부재

투표는 이미 시작되었다. 유권자의 투표 행태는 이미지 투표, 가치 투표, 이익투표 등으로 나누어지기도 한다. 후보의 [대표 슬로건]은 후보의 이미지, 추구하는 가치, 그리고 선택에 따른 유권자 개인의 이익까지 담아내야 좋은 선거 구호가 된다.

그런데 윤 캠프는 대선전이 중반에 접어들었는데도 아직 대표 슬로건이 없다. [공정과 상식]이 있을 뿐이다. '공정과 상식'도 훌륭한 화두이긴 하다. 그러나 '공정과 상식'은 가치 투표의 지향성에 불과하다. 중도층 무당층 유권자에 대한 견인력이 부족하다.

지금은 중도·무당층에 화력을 집중해야 할 때이다.

요즘의 중도·무당층 유권자는 내게 이익이 되는 후보를 뽑는 이익투표 성향이 강하다. 이재명의 '기본소득'은 유권자의 이익투표 성향의 급소를 공격하는 구호이다.

결론적으로 윤석열은 [공정과 상식]으로 어떤 나라를 만들 것인가?

윤석열이 만드는 나라는 나에게 어떤 도움을 줄 것인가? 여기에 대한 대답으로 뼈 때리는 한마디가 필요하다. 다시 말해 [대표 슬로건]을 속히 내놓아야 한다. (이미 늦었다.)

예를 들어 [부패척결, 국민 행복] [깨끗하고 강한 나라, 편안한 국민 세상]은 어떤가?

부패척결에는 강력한 이미지, 그리고 공정과 상식이 들어있다. 국민행복은 부패척결의 결과물이다. 국가의 역할을 강조해서 중도·무당층의 이익투표를 유도하는 구호이다.

한물 간 꼰대 생각인가?

이는 하나의 예시에 불과하다.

(2021년 11월 16일)

내가 윤석열이다(3)—선대위 구성

국민들은 윤석열의 선대위 구성을 조용히 지켜보고 있다. 국민들의 관전 포인트를 정리해 보자.

첫째, 파리 떼, 하이에나, 자리 사냥꾼은 누구인가?

빠리 떼, 하이에나, 자리 사냥꾼을 들먹이는 자가 바로 X맨은 아닌가? 윤 캠프에 진짜로 파리 떼가 득실댄다면 윤석열이 이들을 어떻게 처리하는가? 이것이 첫 번째 관전 포인트이다.

둘째, 윤석열이 김종인과 이준석 다루는 솜씨를 지켜보고 있다.

자칭 초보 윤석열의 정치력 테스트이다. 만약 윤석열이 김종인이나 이준석에게 휘둘리는 모습을 보인다면 윤석열은 대통령 깜으로서 낙제점을 받게 될 것이다.

셋째, 윤석열의 인재 선구안 검증이다.

윤석열은 그동안 "대통령은 사람을 잘 골라 쓰는 게 중요하다."는 취지의 발언을 여러 차례 해왔다. 따라서 국민들은 윤석열의 선대위 구성 결과를 보고 윤석열의 사람 보는 안목을 판단할 것이다. 또한 정권교체 후 구성될 윤석열 정부의 능력을 미리 가늠해 볼 것이다.

이런 관점에서 볼 때 이번 윤석열 선대위 구성은 대통령 후보로서 윤석열의 첫 시험대이다. 부디 국민만 바라보고 국민 면접을 잘 통과하기 기대한다. 진정한 대통령의 리더십은 저항을 두려워하지 않는 데서 만들어진다.

(2021년 11월 17일)

내가 윤석열이다(4)—국민의힘 掌握

장악(掌握)은 손바닥 안에 쥔다는 뜻이다. 손바닥掌 쥘握이다. 국민의힘 당헌 74조는 대통령 후보에게 당무 우선권을 부여하고 있다. 이는 윤석열이 대통령 후보로 당선된 순간 소신껏 당을 掌握할 수 있는 합법적 비상대권을 부여받은 법적 근거이다. 그렇다면 윤석열이 당을 掌握하기 위해 우선 할 일은 무엇인가? 김종인이나 이준석 등에 '올인'해야 하나? 아니다.

첫째, 의원총회를 소집하라.

의원총회를 소집해서 국민의힘 전체 소속의원들로부터 축하를 받아야 한다. 그리고 나서 그들에게 희생과 단결과 땀을 호소해야 한다. 내부 고객관리 또한 훌륭한 선거운동이다.

둘째, 원외 지구당위원장 회의를 소집하라.

대통령 후보 윤석열이 원외 위원장들의 손을 부여잡고 그간의 노고를 치하하며 집권의 희망을 말할 때 그들은 민심의 바다에서 발바닥에 땀이 나도록 뛸 것이다.

셋째, 黨 원로와 고문단 초청 식사 자리를 마련하라.

대통령 후보 윤석열의 지위를 한껏 격상시킬 것이다. 당 소속 국회의원, 원외위원장, 당 원로 고문의 성원과 국민 50% 이상의 지지를 받는 제1야당 대권 후보를 누가 감히 건드릴까? 누구도 대통령 후보 윤석열을 함부로 대하지 않을 것이다.

이렇게 할 때 비로소 대통령 후보 윤석열에게 당 掌握의 힘이 저절로 따라붙을 것이다. 윤석열이 제대로 당을 장악해야만 김종인, 이준석, 홍준표 등이 제자리로 돌아가서 정권교체에 나름 기여하게 될 것이다. 윤석열은 "사람에 충성하지 않고, 국민만 바라본다."는 신념으로 黨을 掌握해서 정권교체의 대업을 완수해야 한다.

두려워 말라. 그대 곁에 국민이 있다.
(2021년 11월 18일, 대선 D-110일)

윤석열 지지율을 멈추게 한 和尙들
-더 이상 윤석열의 발목을 잡지 마라!

윤석열은 지난 11월 5일 국민의힘 대통령 후보로 선출되었다. 그 후 윤석열과 이재명의 지지율 격차는 10~18%의 차이를 보이며 윤석열 대세론을 형성하는 듯했다. 그러나 2주가 지난 오늘(22일) 발표된 여론조사 결과는 윤석열 하락세, 이재명 상승세이다. 변신에 능한 이재명이 변곡점을 만들기 위해 몸부림치고 있다.

"여론조사 지지율은 출렁거린다."

이는 배부른 자의 한가한 궤변이다. 우리는 도전자이다. 한 번 승기를 놓치면 기회는 오지 않는다. 그렇다면 무엇이 문제였나? 누구 때문인가? 정확한 원인규명이 되어야 적절한 위기 대응책이 나온다.

첫째는 윤석열의 2주간 행보가 문제였다.

윤석열은 지난 2주간 민심을 떠나 있었다. 요즘처럼 정보의 유통 속도가 빠른 4차 산업혁명 시대에 2주는 2달이다. 그는 민심을 떠나서 김종인, 김한길, 김병준에만 매달렸다.

국민의 여망을 짊어진 대권 후보가 한가롭게 벌건 대낮에 김종인

사무실이나 기웃거려서 되겠나?

윤석열 자신이 스스로의 발목을 잡은 것이다. 국민은 懇求하는 자를 돕는다. 이 점 스스로 깊이 반성해야 한다. 타이틀 도전자는 공격만이 살 길이다.

둘째는 김종인의 몽니다.

지난 2주 동안 윤석열은 조연 배우였다. 주인공은 김종인이었다. 선대위 구성을 둘러싼 김종인의 몽니는 대통령 후보 윤석열의 카리스마에 상처를 입혔다.

김종인 리스크는 대선 레이스 기간 중 언제 또 터질지 모르는 휴화산이다. 국민이 총괄 선대위원장 리스크를 걱정해야 할 판이다. 그래서 윤석열은 그립을 확실히 쥐어야 할 필요가 있다.

셋째 홍준표의 내부 총질이다.

윤석열이 바람을 좀 탈만 하니 홍준표가 찬물을 확 끼얹었다. "윤석열 대통령 되면 대한민국 불행"이라고? 홍준표는 적군인가, 아군인가? 대선기간 내내 간장종지 홍준표의 입 리스크를 특별 관리해야 한다. 국민이 보기에는 다들 철부지이다.

여기에 이준석 입놀림까지 가세하면 선거는 필패다. 그래서 경고한다. "대선은 그대들의 놀이터가 아니다." 정신 차리라는 국민의 준엄한 명령이고 강력한 백신이다.
(2021년 11월 22일)

모든 것이 힘들고 희망이 없고 앞이 보이지 않던 어려운 시기에 정의로운 사람 윤석열이라는 검사가 있어 어둠 속의 한 줄기 빛이었고 희망이었는데, '꽉의 낙서'라는 카톡방을 통하여 많은 사람들이 공유하고 함께할 수 있어 감사했습니다.

이번 대통령 선거 기간 동안 함께 어려운 가운데 절대 긍정적인 훌륭한 내용을 톡으로 많은 사람들이 공유하고 함께할 수 있어 행복했습니다.

정운식(기업인, 여의순복음교회 장로)

내가 경험한 1979-1980년
-전두환 전 대통령 사망소식을 접하고

제1막 [낙엽이 지다.]

낙엽 한 잎으로 세상에 곧 겨울이 오고 있음을 알게 된다.

1979년 8월 9일 YH무역 여성 근로자들이 마포의 신민당사에 몰려왔다. 회사 폐업에 대한 항의 집회다. 경찰은 신민당사에 난입해서 여성 근로자들을 강제 진압하는 소개 작전을 시도했다. 여성 근로자 한 명이 사망하고 정국은 급속 냉각되었다.

이 사건이 발단이 되어 결국 1979년 10월 4일 YS는 국회의원직에서 제명 처리된다. 그 후 YS 국회의원직 제명에 항의하는 시위가 YS의 정치적 고향 부산 마산에서 일어나기 시작한다. 이른바 1979년 10월 16일부터 시작된 부마항쟁이다.

부마항쟁 진압대책을 놓고 김재규와 차지철의 갈등이 폭발한다. 드디어 1979년 10월 26일 궁정동에 총성이 울린다. 26년 집권의 조종이 울린 것이다. 갑자기 권력은 진공상태에 빠져 들었다.

이 권력의 공백기에 정승화의 계엄사령부와 전두환의 합동수사본부, 구군부와 신군부는 무력 충돌했다. 이름 하여 12.12 사태이다. 구(舊)군부를 제압한 신(新)군부는 새로운 권력의 핵으로 자리 잡게 된다.

전두환의 역사 무대 데뷔이다.

이는 계엄 하에서 군부의 일부 세력이 (불법으로 병력을 동원하여) 계엄사령관을 제거하는 [하극상의 쿠데타 사건]이었다.

2막 [의도된 혼란]

12.12를 통해 역사의 무대에 등장한 전두환의 권력 행보는 어떻게 이어지나? 전두환은 목숨을 걸고 12.12를 성공했으니 여기서 멈출 수는 없었다.

대한민국은 10.26이라는 역사적 미증유의 대사건을 겪으면서도 평온하고 질서정연했다. 국민은 새로운 시대의 도래를 희망하며 차분히 기다리고 있었다.

그러나 앞으로의 정치 일정이 분명하지 않았다. 그래서 80년 '서울의 봄'을 '안개정국'이라 불렀다. 다만 대권이라는 헛꿈을 꾸는 3김의 발걸음만 빨랐다.

한편 전두환 신군부는 집권을 위해 새로운 환경조성이 필요했다. 따라서 신군부는 '안개정국'과 '서울의 봄'을 통해 사회적 분위기를 의도적으로 느슨하게 만들기 시작했다.

학생들을 동원했다. 당시 유신 치하에서 학생 시위는 꿈도 못 꿨다. 그러나 1980년 새로 임명된 김옥길 문교장관은 자율성을 명분으로 대학의 학내 시위를 일부 허용하는 방침을 세웠다.

이를 계기로 대학가는 3월 개학과 더불어 유신정권에서 억눌려 왔던 욕구가 한꺼번에 분출되며 급격하게 소요의 중심지가 되어 버렸다.

데모의 이슈는 학내문제에서 급속하게 사회문제, 정치문제로 옮겨갔다. 따라서 시위는 학내시위에서 가두시위로 번져갔다. 유신 하에서는 상상도 못 하는 상황이 전개되고 있었다. 정국은 신군부의 의도대로 '안개정국'에서 '폭풍우 정국'으로 급변해 가고 있었다.

급기야 5월 15일 서울역 광장에는 수만의 학생 시위대가 몰려들었다. 당시 학생들 사이에는 학생 데모가 신군부 등장의 명분을 제공할 것이라는 신중론도 있었다.

서울시내는 아수라장이었고 남대문 앞에서 버스를 탈취한 괴한이 전경들 속으로 돌진하여 전경대원 1명이 사망하고 4명이 중상을 입는 무법천지였다. (그 사건은 지금도 미제사건으로 남아 있는 것으로 알고 있음. 개인적 생각으로는 고첩 소행이 아닐까 의심.)

그날의 서울역 데모는 최규하 대통령 권한대행이 석유파동으로 중동순방을 떠난 상태에서 발생했다. 예정된 혼란의 밤. 1980년 5월 17일 24시. 계엄 전국 확대 조치가 실시되었다.

이튿날 아침, 대학에는 장갑차와 계엄군이 진주했다. 김대중, 김종필 등은 연행되고, 김영삼은 가택연금 되었다. 다수의 학생 교수들도 연행되었다.

세상은 다시 고요 속에 잠드는 것 같았다. 서울은 조용했다.

제3막 [비극은 광주에서~~~]

이제 무대는 광주로 옮겨진다. 계엄군이 전남대학교에 진주하고 학생 출입은 봉쇄되었다. 사건의 발단은 학생들과 정문을 지키던 계엄군 사이에 벌어졌다. 시위는 광주 시내로 옮겨갔고 구호는 연행된 "김대중 석방", "계엄해제" 등이었다.

여기서 "광주의 비극"은 그만 적자. 다만 전두환이 광주 지휘 계통에 없었다 할지라도 그는 광주의 피 묻힌 손으로 대통령이 된 사실을 부인할 수 없다.

(이는 이재명이 대장동을 아무리 부인해도 대장동의 몸통이 누구인지 아는 것과 같다.)

광주의 몸통은 대통령 수혜자 전두환이다.

그러나 나는 고인이 된 전두환 前 대통령의 명복을 빈다.

(2021년 11월 25일 꽉의 낙서. 진영논리를 벗어야 정권교체 이룩한다.)

시대 트렌드를 놓친 선대위
—윤석열을 돕기 위한 苦言(6)

트렌드 전문가의 이론에 의하면 유행은 '일시적인 상품'이다. 반면 트렌드는 '소비자로 하여금 물건을 사게 이끄는 원동력'이다. 따라서 트렌드는 "크고, 광범위하며, 바위처럼 단단해서 10년 이상 지속된다."라고 설명하고 있다.

대선 캠프의 생명력은 대중 속에 잠재된 '시대의 트렌드 읽기'이다. 그래야 대중과 자연스럽게 호흡을 맞출 수 있다.

그런데 윤석열 캠프는 시대의 트렌드 읽기에 철저히 실패하고 있다. 설혹 트렌드를 읽어도 말과 행동이 따로 가고 있다.

그렇다면 이시대의 트렌드는 무엇이고 윤 캠프가 어떻게 실패의 길을 걷고 있나?

첫째, 시대의 트랜드는 2030이다.

2030 트렌드는 빛의 속도로 변화하는 세상의 표현이다. 그러나 윤 캠프는 2030의 중요성을 말하면서도 6080 선대위를 꾸렸다. 이것이 시대의 트렌드를 제대로 읽지 못한다는 반증이다. 이준석으로 대

표되는 시대의 흐름을 거부하면서 승리할 수 없다. 보수야당에서 30대 당대표 당선이 의미하는 '시대의 트렌드'를 제대로 읽어야 한다. 핵심은 국민의힘 선대위는 늙었다. 실제로 그렇다. 그런 모습으로 시대의 트렌드인 2030의 표심을 잡을 수 없다.

둘째, '공정과 상식'의 트렌드이다.

이는 윤석열이 짚어낸 이 시대의 트렌드이다. 그동안 우리 사회는 그만큼 불공정했고 비상식이 지배했다는 것이다. 그렇다면 후보부터, 선대위부터 '공정과 상식'에 충실해야 한다. 그러나 선대위 구성과 김XX 인선을 두고 민심은 코웃음을 치고 있다. 국민은 말이 아닌 행동과 결과를 본다. '공정과 상식'이 후보의 뼛속까지 파고들어야 시대의 트렌드를 제대로 읽고 실천에 옮기게 된다. 그때 국민은 공정과 상식을 공감한다.

셋째, 시대의 트렌드는 사회 전반의 격차와 차별의 해소이다.

이재명은 어떻게 온갖 도덕적, 법적 흠결에도 무너지지 않는가? 우리 사회의 큰 트렌드인 빈부 격차에 교묘하게 편승하고 있기 때문이다. 그만큼 우리 사회는 격차와 차별의 골이 깊다는 것이다. 정치는 편을 나누는 것이 아니고 두루 살피는 것이다.

윤석열도 표가 있는 중원으로 가기 위해서는 뼛속에서 우러나오는

'약자와의 동행'이 필요하다.

(2021년 11월 26일 晩秋의 대모산에서)

꽉의 낙서는 카톡이라는 수단을 통해 세상을 바꾸는 데 일조한 사례였다고 생각합니다.

개인 미디어의 영향력이 그만큼 커진 사회에 살고 있다는 증거이기도 합니다.

앞으로도 꽉의 낙서가 여야, 진보와 보수를 넘나들며 세상을 바꾸는 희망의 목소리가 되기를 기원합니다.

〈건국 정외 93 김기철〉

김병준 선대위가 해야 할 일

20대 대선 D-100일이다. 오늘 이재명은 광주 김대중 컨벤션센터에서 온오프 결합 선거운동을 한다. 1부 행사의 테마는 "내가 이재명입니다." 이 행사는 이재명 지지자가 이재명을 대신해 국민들에게 지지를 호소하는 형식이다. 행사의 2부 테마는 '국민이 이재명에게' 이다. 국민이 묻고 이재명이 답하는 형식이다.

[줄리는 이제 전 국민의 사랑을 받기 시작했다. 좌파가 모르는 진실]을 쓴 이후 좌파들이 하루아침에 줄리 논쟁을 거두었다. 물론 그 이후 바로 벽화도 지워졌다. 뿐만 아니다. '꽉의 낙서'가 이재명 3대 약점으로 '거짓말(신뢰상실)' '덮어씌우기(국민무시)' '폭력성의 두려움(친근감 없음)'을 지적했었다. 그랬더니 느닷없이 이재명이 울고, 절하고, 염색하고 난리를 피웠다. 또한 이재명이 좌파들에게 각자 1인 방송국 되어 카톡 좀 열심히 해달라고 부탁한다.

왜 이런 자가당착 식의 말을 장황하게 하는가? 이재명 캠프가 적어도 상황인식과 문제대응에 있어서 윤석열 캠프보다 훨씬 빠르게 대응하고 있다는 점이다. 어쨌든 국민의힘도 우여곡절 끝에 김병준이 전면에 등장하는 선대위를 꾸렸다. 走馬加鞭이라고 김병준 선대위에 몇 마디 보태자.

첫째, 먹물을 빼라.

교수물, 관료물, 검사물, 판사물을 빨리 빼라. 어제 김병준 위원장이 기자회견을 하면서 이재명을 가리켜 "전제적이면서도 폭력적 사고를 갖고 있다."고 규정하였다. 정확한 지적이다. 그러나 '專制的 사고'의 뜻이 국민에게 얼마나 전달되었겠나? 그래서 물 빼라는 말이다. 계속 이렇게 가면 안 된다.

둘째, 파격을 두려워 말라.

하루에 3번 (아침, 점심, 저녁으로) 변화하고 새로워져라. 시대의 트렌드 2030이 무엇인가? 젊음은 한 마디로 유연한 것이다. 2030 표심은 딱딱하게 굳어 있어서는 잡을 수가 없다. 선대위부터 자유분방한 변화의 신바람을 불어넣어라. 그래야 아이디어가 폭발한다.

셋째, 선거 캠페인의 본질을 이해하고 현장에 임해라.

'보통사람 노태우'는 보통사람이 아니었다. 다만 시대의 트렌드가 보통사람을 찾았기에 노태우는 보통사람 행세를 한 것뿐이다.

넷째, 답은 몰입에 있다.

정권교체를 갈급하게 구하라. 정권교체를 念願하라. 진정으로 절박하게 두드려라. 그러면 국민이 열어줄 것이다.

D-100 그날까지 이 걸음으로 흔들리지 말고…!
(2021년 11월 29일)

이준석 임자 만났다!

20대 대선戰의 핵심 관전 포인트 중 하나는 홍보戰爭이다. 코로나 19의 비대면 상황에서 치러지게 될 20대 대선은 홍보전쟁의 승패가 곧 선거의 승패로 직결될 전망이다.

따라서 각 정당도 홍보 예산이 총선거 비용의 80~90%를 차지하는 등 홍보전에 총력을 기울일 태세이다. 국민의힘도 300억 이상이 홍보비용으로 책정되어 있다고 알려져 있다. 이러한 홍보전쟁을 앞두고 최근 눈여겨볼 만한 기사들이 있었다.

첫째는 이준석 당대표가 상임 선대위원장과 동시에 홍보 미디어 본부장을 맡아 스스로 홍보전의 총대를 메겠다고 자청했다는 뉴스다.

두 번째는 "이준석이 홍보비를 다 해먹으려 한다."는 자가발전성의 소문으로 윤석열 후보를 향해 발끈했다는 기사이다.

세 번째는 '쌀집 아저씨'로 불리는, 자타가 인정하는 최고의 홍보 전문가인 MBC PD 김영희가 이재명 캠프에 합류했다는 뉴스다.

김영희 PD는 당초 국민의힘 行이 거의 결정된 듯 보도 되었었다. 그런데 왜 갑자기 이재명 캠프로 갔을까? 혹시 이준석 홍보 미디어 본부장이 걸림돌이 되었나? 어쨌든 이준석과 김영희의 한 판 승부는 불가피해졌다.

'투스톤 이준석'이 상대해야 할 '쌀집 아저씨 김영희'의 내공이 만만치 않다고 알려져 있다. '쌀집 아저씨'는 이경규의 몰래 카메라, 양심 냉장고, 나가수 등등 다수의 히트작을 선보인 방송가의 실력파로 이른바 '꾼'이다.

그의 실력을 인정하는 정치권은 선거철만 되면 항상 그를 탐내 왔다. 그런 김영희는 이력 면에서도 이준석과는 아주 대조적이다.

이준석은 하버드에서 컴퓨터 공학을 전공한 30대 정당 대표다. 반면 김영희는 서울대 국어교육학과 출신의 인문학도다. 그리고 MBC에서 문화예능분야 부사장을 지내다 민주당에 영입된 60대 초반 30년 경력의 베테랑이다.

그러다 보니 홍보의 색깔도 확연히 다를 것으로 예상된다. 이준석이 최근 선보이고 있는 정치 이벤트의 색깔은 젊고 역동적이며 여기에 첨단의 기술이 가미된 그야말로 공학도의 작품이다. 반면 김영희는 (그가 제작한 프로그램이 보여주듯) 인문학도의 감수성을 살려 유권자들로부터 잔잔한 감동을 유도하는 홍보 전략이 진행될 것으로 예측된다. 어쨌든 김영희 역시 MBC 예능PD로 현업에서 KBS, SBS에 져본 적이 없는 승부사라고 한다.

스스로 총대를 멘 이준석의 책임이 무겁다. 이번 국민의힘 선대위 출정식 역시 이준석 작품이었다. 그러나 선대위 출정식의 최대 하자(瑕疵)는 이준석의 오만한 연설이었다. 이준석은 선대위 출범식에서조차 당원과 국민을 가르치려 했다.

잔칫날 주인이 재 뿌리는 격이다. 부산, 제주, 울산으로 분탕질치고 다닌 당대표가 무슨 낯으로 당원들을 훈계하나? 탕자가 집에 돌아왔으면 석고대죄가 우선이다. 자기합리화는 끝이 없는 법이다.

이런 오만함으로는 이준석이 김영희를 이기기 어렵다. 이준석, 제대로 임자 만났다. 정신 차려라. 당원들도 다 생각이 있다. 그래도 같은 편이니 철부지 당대표를 포용하지만, 국민은 오만함을 결코 용서하지 않는다.

(2021년 12월 8일)

이재명 찢어지는 징조들

"지금 나 떨고 있니?"

이른 봄 얼음판 갈라지는 소리가 여기저기서 들려온다. 이재명은 지금 떨고 있다. 이재명뿐이 아니다. 김혜경도 같이 떨고 있다. 분명 누군가가 거역할 수 없는 힘으로 그들을 파멸로 몰아가고 있다. 이재명도 김혜경도 어둠의 사제가 다가오고 있음을 직감하고 있는 중이다. 그래서 떨고 있는 것이다. 이재명 몰락의 징조는 진작부터 있었다.

첫 번째 불길한 징조는 민주당 경선 마지막 날 터졌다.

승승장구하던 이재명이 경선 마지막 날 서울에서 61대 28로 대패했다. 드디어 올 것이 오기 시작한 징조였다. 이때 이미 민심은 이재명을 떠났다는 반증이 나타난 것이었다. 아마도 대장동 귀신들이 장난을 친 것 같다.

두 번째 징조는 김혜경 씨에게서 나타났다.

한밤중에 멀쩡한 집에서 안주인 눈두덩이가 찢어지고, 서방은 "이 사람아!" 하면서 울고불고 난리다. 이는 분명 서양 귀신의 장난질일 것이다. 며칠 후 저승사자 서양 귀신은 검은 망토를 걸치고 우리 앞에 모습을 보였다. 이재명과 김혜경 씨는 분명 가위 눌린 밤을 보내고 있는 중이다.

세 번째 징조는 경주이씨 알묘(일종의 告由祭) 행사에서 터졌다.

이재명과 혜경궁은 남색 한복을 세트로 멋지게 맞춰 입고 등장했다(의상비가 8,000만 원이라더니). 그리고는 붉은색 관복에 금관까지 갖추었다. 영락없는 궁예의 현신 같았다. 이재명은 경주이씨 시조에게 술 한 잔 올리고 나서 이렇게 고한다.

"이제 이재명이 대한민국 대통령이 되겠습니다!"

그리고 큰절을 올리는 순간 조상님이 怒해서 이재명을 밀쳤다. 그는 뒤로 벌러덩 주저앉아 엉덩방아를 찧고 말았다. 아마도 경주이씨 시조 '알평'옹이 大怒했나 보다. 그도 그럴 만하지. 아무리 손자가 귀여워도 아닌 건 아니지.

그러다 보니 요즘 이재명의 정신세계가 이상해졌다.

온갖 공약은 다 뒤집어 버리고, 온갖 비리는 다 덮어씌우고, 광주 가서 한 말 대구 가서 다 뒤집는다. 그러나 영적세계는 실존세계보다 한 걸음 빠르다. 그래서 우리는 행운을 예감하기도 하고 때로는 불길함을 직감할 때도 있다.

지금 이재명 찢어지는 소리는 사방에서 들려오고 있다.

(2021년 12월 14일)

김건희 리스크 대응의 리스크

문제는 김건희 리스크 자체가 아니라 김건희 리스크에 대한 대응이 문제이다. 윤석열 선거 캠프가 차려진 지가 언제인가? 정당은 선거로 밥 먹고 사는 조직이다. 대선이 시작된 지가 언제인데 후보자 부인 관리가 너무나 허술하다. 이렇게 무능한 조직이 과연 청와대를 접수한들 무엇을 제대로 하겠는가? 후보 배우자를 상대로 한 언론 취재를 대하는 윤석열 캠프의 대응을 보면 한숨이 절로 나온다.

위험에는 예측 가능한 위험(피할 수 있는 위험)과 예측이 불가능한 불가항력적 위험이 있다. 김건희 리스크는 이미 세상이 다 아는 예측 가능한 위험이다. 다시 말해 피해를 최소화할 수 있는 위험이다.

지금 최선을 다하고 있는가?

배우자 실장은 없더라도 김건희 리스크 관리 매뉴얼부터 만들어져 있어야 한다. 특히나 배우자의 언론 응대 매뉴얼은 기본이다. 언제 어느 언론사와 어떤 방식으로 접촉해서 어떤 메시지를 전할 것인가? 그리고 어떻게 국민의 공감을 얻을 것인가? 또한 예상치 못한 언론의 기습 공격은 어떻게 방어할 것인가? 모두 다 시나리오가 필요한 사항이다. 그리고 소방훈련 하듯 평소에 실전처럼 훈련해둬야 한다.

그래야 실전에서 연습처럼 써먹을 수 있는 법이다.

과연 윤캠프가 지금처럼 해서 청와대에 간다고 한들 무엇을 할 수 있겠나? 나랏일을 제대로 해낼 수 있을지 걱정이다.

처칠은 2차 세계대전 기간 동안 그토록 좋아하는 술도 끊었다고 한다. 윤석열도 3월 9일까지 술 끊고 이런저런 구설에 휘말리지 않도록 조심할 것을 당부한다.

(2021년 12월 15일)

김건희 리스크의 핵심 포인트

소위 김건희 리스크에는 3가지 줄기가 있다.

첫째는 '줄리' 논란이다.

이 문제의 본질은 김건희 외모에 대한 대중(특히 좌파)의 질투에서부터 시작되었다. 김건희는 젊고, 능력 있고, 지적이며 도회적이다. 그러면서도 다소곳한 여성스러운 매력을 지니고 있다. 지금까지 대중이 경험해보지 못한 대통령 후보 부인의 모습이다. 특히 닭살 돋는 이재명 커플에 비하면 김건희는 '치명적 매력의 소유자'이다.

좌파들이 콤플렉스를 느끼기에 충분하다. '뉴스버스'가 좌파 대중의 콤플렉스를 교묘히 파고들어 질투심을 자극한 것이다. 이것이 '줄리' 논쟁이다. 따라서 윤 캠프가 '줄리 논쟁에서' '줄리 매력'의 본질을 정확하게 파악하고 제대로 대응하면 오히려 전화위복이 될 수 있다. 이 점에 대해 '꽉의낙서'는 이미 [전 국민의 사랑을 받기 시작한 '줄리']를 통해 언급한 바 있다.

둘째, 도이치 모터스 주가 조작 논란이다.

이 문제는 법적으로 이미 끝난 사안이다. 결론이 난 사건을 정치검찰이 장난치고 있지만 재탕검증 역시 90% 이상 증명된 사건이다. 따라서 대선 판에 악발은 없다.

문제는 세 번째 과거 이력, 경력 문제이다.

이 문제는 세 가지 리스크 중 가장 가벼운 리스크일 수도 있다. 그러나 사람은 태산에 걸려 넘어지는 것이 아니라 돌부리에 걸려 넘어지는 법이다. 윤 캠프는 이 문제를 잘 풀어야 한다. 우선 팩트를 짚어보면 김건희 이력서는 자신에게 엄격하지 못했다. (대통령 후보 부인이 될 줄 모르고) 다시 말해 김건희 이력서는 적당히 양념이 뿌려진 일부 허위사실과 과장이 들어 있다. 물론 이력서 스펙보다 실무능력이 중시되는 자리였다. 따라서 김건희는 당초 의도의 순수성을 주장하며 억울함을 호소했다.

이는 윤 캠프가 사안의 폭발성을 제대로 인식하지 못하는 안일함을 보여주는 단적인 사례다. (김건희 식 행태는 목표를 향해 나름 치열하게 살았다는 사람들에게서 흔히 나타나는 현상이다.) 그러나 대선 후보 부인의 근거 부족한 자신감은 적의 사냥감일 뿐이다.

매우 위험한 태도다. 왜냐하면 이번 사안은 첫째로 일회성이 아니고 다발성이다. (앞으로 좌파는 수원여대뿐 아니고 여러 곳을 터뜨릴 것으로 보인다.)

둘째, 좌파는 조민 표창장 등 조국 수사와 연결 지어 윤석열의 정당성을 뿌리부터 흔들려고 할 것이다.

셋째, '줄리', 주가 조작, 허위이력서 이렇게 3종 세트를 제작하여 대중을 판단 마비상태로 끌고 갈 계획인 것으로 추정된다. 특히 중도 무당파가 타깃이다.

(이력서 문제로 인해 줄리, 주가 조작까지 부정적 이미지에 가세하여 상승효과 내고 있다.)

좌파는 윤석열의 약한 고리를 파악하고 그곳을 총공세 중이다. 어리버리하다간 그냥 당한다. 그렇다면 윤 캠프는 어디서, 무엇이, 어디까지 잘못되었는지 구체적으로 밝히고 철저히 사과하고 털어내야 한다. 단 좌파는 하나를 주면 바로 열 개를 달라고 한다는 점 명심해야 한다. 그래서 분명히 잘못된 것만 사과해야 한다.

여기서 중요한 것은 국민 감성관리를 잘해야 한다는 점이다. 즉 사과의 방식, 태도, 진정성 등을 깊이 고민해야 한다. 김건희의 흠결은 전과 4범 이재명에 비하면 '새 발의 피'다. 그러나 싸움은 정의로운 자가 이기는 것이 아니다. 싸움꾼이 이긴다. 지금은 정의를 믿고 맷집으로 버틸 때가 아니다.

일단 소나기는 피하라. 그리고 비가 그친 뒤 나가서 싸워라. 노무현은 마누라를 지키면서 오히려 대권을 잡았다. 그때와 지금은 전투 양상이 다르다. 윤석열은 마누라를 버릴 각오로 정권교체 싸움에 임하라.

(2021년 12월 16일)

尹敵官 처리-선대위를 폭파하라

중도우파는 윤석열의 지지율이 10~15% 정도 하락하는 가운데 정권교체의 최대 위기를 맞고 있다. 누가 윤석열의 지지율을 까먹고 중도우파를 벼랑 끝으로 내몰고 있나? 두말 할 나위 없이 총체적이고 궁극적 책임은 윤석열에게 있다.

여기에 당대표라는 者는 '윤핵관(尹核關)'이라는 가상의 적을 만들어 윤석열을 돕는 척 공격하고 있다. 그러나 자세히 들여다보면 '尹核關'이 아니라 '尹敵官'이 있다. 윤석열의 지지율을 까먹고 있는 윤석열의 敵, '尹敵官'은 누구인가?

선대위 출범부터 몽니를 부려 동력을 잃게 한 총괄 김종인 '5% 尹敵官'

윤석열을 겁박하는 당대표 이준석 '7% 尹敵官'

윤석열의 바짓가랑이 잡고 늘어지는 홍준표 '3% 尹敵官'

리스크 제대로 대응 못 하는 김건희 '2% 尹敵官(윤석열 실수 포함)'

도합 15~17% 윤석열의 지지율을 까먹고 윤석열 대세론을 멈춰

세운 者들, 이들이 바로 '尹敵官'이다.

그렇다면 윤석열은 이재명에게 밀리는 이 위기를 어떻게 돌파해야 하나? 문제의 핵심은 '尹敵官을 어떻게 처리할 것인가?'에서 시작된다. '尹敵官'을 처리하지 않은 상태로는 '대통령 후보 윤석열'이 보이지 않는다. 따라서 한 걸음도 나아갈 수 없다.

현재로서는 '尹敵官 처리'가 가장 강력한 선거운동이다. '尹敵官' 처리를 위해서 윤석열은 배수진을 쳐야만 한다. 그래야 정권교체가 가능하다. '尹敵官' 처리의 배수진은 가까운 데서부터 시작되어야 한다.

첫째, 김건희를 버려라.

노무현과 정반대의 길을 가라. 김건희는 사업을 정리하고 모든 직책, 명예, 학위를 반납하고 자발적으로 5년간 유학길에 올라야 한다. 그래야 김건희도 살고, 모친 최 여사도 살고, 윤석열도 살고, 나라도 산다. 다만 국민이 정권교체를 향한 윤석열의 몸부림을 느낄 수 있게 진심과 사력을 다하라. 자칫 0.1% 쇼도 역풍 맞는다. 이게 배수진이고 정치적 도박이다.

둘째, (김건희 자발적 읍참마속 후) 김종인에게 이준석 징계를 명하라. 당대표 권한정지 내지 출당 조치다. 이준석의 입을 봉하지 않고는 윤석열이 절대 힘을 쓸 수 없다.

이준석은 積德하는 상이 못 된다. 그는 당을 이끌 그릇이 못 된다.

분에 넘치는 자리를 꿰차고 있다. 이준석 방치하면 국민 분노의 칼침 맞는다. 그를 보호하는 길이기도 하다.

셋째, 김종인이 이준석의 입을 꿰매지 못한다면 선대위를 폭파해라. 김종인, 김한길, 김병준 다 돌려보내라. 최고위원도 몽땅 사표내고 권성동, 장재원, 조수진 등도 집에서 쉬게 하라. 대신에 당 사무처 기존 공조직 중심으로 국민만 바라보고며 선거를 치러라. (원희룡 원톱 체제를 상상할 수는 있다.)

넷째, 홍준표를 처리하라. 윤석열이 이 정도 리더십을 보이면 홍준표는 저절로 들어온다.

홍준표는 약한 모습 보이면 절대 굽히지 않는다.

다섯째, 미션의 완성은 안철수다. 이준석이 제거되고 판이 정리되어야 안철수가 들어온다. 이 그림이 확실한 대선 승리 방정식이다. 윤석열은 '결단의 배수진'이 필요한 시간이다. 윤석열다운, 대통령 후보다운 리더십과 통 큰 결단의 배수진을 기대한다.

대통령은 아무나 하는 게 아니다.
수족을 자를 수 있는 者만이 오를 수 있는 자리이다.
(2021년 12월 25일 성탄절 날)

국민 화병 <아수라> 절찬 상영 중

지금 국민은 “한 번도 경험하지 못한 대선 판”을 경험 중이다. 어느 대권 후보는 “국민 정신건강이 걱정된다.”고 했다. 국민 화병을 걱정하는 말이다.

20대 대선은 영화보다 더 영화 같은 라이브 리얼 다큐다.

눈앞에서 벌어지는 현실에 열 받지 말고 그냥 영화 한 편 보는 셈치자. 우리가 이런 라이브 다큐 영화를 관람하는 것도 이 험한 시대를 살아내는 덕분이다. 20대 대선 판 〈아수라〉 다큐 영화가 특히 흥미를 끄는 이유는 개성 강한 등장인물들 때문이다. 〈아수라〉 등장인물의 면면을 살펴보자.

제1 등장인물 시장님.

쌍욕, 불륜, 조폭, 비천한 살인자 집안 출신, 대장동 1조원 설계자 몸통, 부하 자살, 아들 도박, 전과 4범 등등. 가히 다큐 〈아수라〉의 제1 주인공답다.

그는 매일 절하고, 빌고, 눈물을 흘린다.

그러나 이를 진짜로 알면 큰일 난다.

제2 등장인물 총장 형.

권력에 맞서 싸워온 100kg의 검투사, 그는 종종 폭탄주를 즐기는 맷집 좋은 먹방 사나이. 그도 아내 때문에 고민이 있다.

제3 등장인물 철부지 당대표.

자당 후보 낙선운동에 열공 중이다. 종종 가출도 한다. 항상 비단 꾀주머니를 차고 다니는 도련님이다. 이 도련님은 울산, 제주 등 전국의 유곽을 두루 섭렵했다고 한다. 그러다 마침내 성 상납의 수렁에 빠지게 된다.(가세연 주장) 이는 영화가 아니라 이 나라 역사의 현장에서 벌어지고 있는 '리얼'이다.

제4 등장인물 몽니 영감.

비례 5선의 경력을 갖춘 노회한 정객이다. 80 노(老)정객이 4차 산업혁명 시대 대선 판을 흔들고 있다. 몽니 영감의 카리스마는 대단하다. 참 독특한 캐릭터이다.

제5 등장인물 화사한 여인들.

검은 망토 여인 혜경궁 김씨, 영화의 재미를 위해 '가케무사', 그리고 가공인물 '줄리'까지 등장한다. 소설을 마구 쓰는 독한 여자 O다르크, 여기에 개성파 진짜 배우 무상연애, 난방열사, 애마부인의 주인공이 있다.

제6 등장인물 양보의 安神.

의사, 교수, 물리학자, 컴퓨터바이러스 백신 개발자 겸 무료 배포자, 벤처 기업가, 거액기부자, 4차 산업혁명 전문가. 그러나 그는 좌파의 바보 만들기에 걸려드는 철수 전문가이다. 이번에는 이준석과 김종인의 덫에서 어떻게 벗어날 수 있을까?

제7 등장인물 허 본좌.

아이큐430, 공중부양 전문가. 원하는 것, 필요한 것 다 들어주는 대한민국 포퓰리스트의 원조.

제8 등장인물 윤핵관.

실체가 없는 가상의 敵 '윤핵관', 헛것과 싸우면 힘만 빠진다. 이름도 '윤핵관', 그럴싸하다.

제9 기타 엑스트라.

마누라 감방 보내고 트위터 날리는 멋쟁이 법학 교수님. 내부총질 전문가 도고다이 홍. 3일 천하 선대위원장 조. 견적 불가 목포의 여인 손 여사 등등. 개성 넘치는 연기력을 갖춘 숱한 등장인물들이 20대 대선 판을 뜨겁게 달구고 있다.

화룡점정 제10 마지막 등장인물은 대통령과 그의 부인이다. 코로나로 국민이 죽어 나자빠져도 해외로 나대는 대통령 부부, 여기에 좌우파로 나뉘어 싸우는 좀비 국민들. 그러나 이 영화는 3월 9일로 상영이 종료된다.

"유권자는 투표할 때까지만 주인이다." 화려한 배역에 스토리도 탄탄한 리얼 〈아수라〉이다.

투표소를 나오는 순간, 영화는 끝나고 다시 노예 신분으로 돌아가며 이어서 칼바람이 불게 될 것이다.

내가 국민을 존경한다고 하니까 진짜 존경하는 걸로 착각하면 콘코 다친다. 20대 대선 판 리얼 다큐 아수라 영화, 정신 바짝 차리고 보도록 하자.

(2021년 12월 29일)

한 해를 보내며

苦難했던 2021년이 저물어 가고 있습니다. 지난 한 해 어림잡아 200꼭지 정도 '꽉의 낙서'를 토했습니다. 되돌아보니 참으로 무모했고 용감했습니다. 無識이 용감을 낳은 결과입니다.

아는 것도 없고 글쓰기를 業으로 하지도 않은 사람이…'낙서'라는 이름을 빌어 정제되지 않은 소리를 거칠게 마구 吐해냈습니다. 듣기에 거슬리고 불편하게 해드린 점 있다면 사과드립니다. 그러나 민심의 거친 숨소리를 '날 것' 그대로 전하려 노력했습니다. 그래서 나름 정직했다고 생각합니다.

특히나 정권교체를 염원하는 친구들과 함께~ 최전방 고지를 지키는 무명용사의 심정으로, 때로는 돈키호테처럼 대모산 사령관이 되기도 하면서 전투에 임한 한 해였다고 스스로를 위안합니다.

그러나 연말을 맞으면서 힘이 많이 빠지고, 허무하기도 하고 또한 무력감마저 느끼고 있습니다.

허나 어찌 하겠습니까? 힘없는 무명용사인데…. 그렇다고 고지가 저기 보이는데 예서 멈출 수는 없지 않겠습니까?

어쨌든 끝장을 봐야 합니다. 힘들어도 같이 갑시다. 분명 길이 있을 겁니다. 새해 더욱 건강 하십시오. 건강해야 싸웁니다.

(2021년 12월 31일 세모에)

제4장

2022년

윤석열은 승부수를 던져라

낙선운동 하는 당대표. 후보를 조롱하는 당대표. 후보 고사(枯死)작전 벌이는 당대표를 모시고는 아무리 뛰어도 결과가 뻔하다. 이준석의 말(言)은 당원을 조롱하고 행동은 국민을 무시한다. 이준석 덕분에 우파 국민은 좌파의 조롱거리가 되어 버렸다.

윤석열을 지켜온 힘은 정권교체를 바라는 국민의 피와 땀과 눈물이었다. 결코 이준석이 만든 지지율이 아니다. 그러나 이준석은 국민의 피눈물에 핵폭탄을 던졌다.

윤석열의 지지율을 순식간에 박살냈다. 마치 국민과 2030이 이준석의 손 안에 든 공기돌이라도 되는 양 처신하는 이준석을 제거하지 않고는 선거를 치룰 수가 없다. 백약이 무효다.

윤석열은 중대 결심을 해야 한다. 내일이면 늦는다. 선거운동을 즉시 중단하고 전 당원에게 물어야 한다. 국민의힘은 즉시 의원총회 및 지구당위원장 비상총회를 소집해야 한다.

"당에서 선출한 윤석열 후보의 낙선운동에 앞장서는 당대표를 어찌 할 것인가?"

"해당분자 이준석과 함께 전쟁을 치를 수는 없다."

"경선에 불복하는 홍준표는 어느 편인가? 입장을 분명히 밝혀라."

"전과 4범, 확정적 중범죄자도 결사적으로 지켜주는 민주당을 봐라!"

이 질문의 답에 윤석열의 운명을 맡겨야 한다. 당원의 손에 한 번 더 윤석열의 운명을 넘겨야 한다. 정치인은 그렇게 크는 거다. 정치는 생물이고, 결단이고, 타이밍이다. 살아 있는 대하소설이다. 부디 당원과 국민이 살아있는 권력과 혼자서 싸우던 윤석열의 모습을 기억하기 바란다. 그리고 윤석열의 용단을 촉구한다.

(2022년 1월 3일)

이준석 훼방의 증거들

1. "저거 2주면 정리된다." (경선 중 원희룡 통화 폭로)

2. 이준석의 홍보본부에서 지금까지 제대로 된 윤석열 사진 1장 내걸지 않았다. (숨겨진 윤석열 죽이기. 중대 해당행위)

3. 송영길과 범죄 공동체(가세연 주장)

4. 윤석열 대통령 되면 지구 떠난다.

이를 종합해보면 이준석 의도의 밑그림이 그려진다.

당의 조직적 훼방을 받고 있는 대선 후보는 처음 본다. 그러니 무슨 힘을 쓰겠나? 측근은 모조리 윤핵관으로 몰려 숙청당하고… 윤석열 후보가 불쌍하다.

윤석열과 안철수

경제학에서 '대체재'는 어느 재화의 가격이 오르면 값이 오른 재화 대신 다른 재화를 선택하는 관계에 있는 재화를 의미한다. 예를 들어 쇠고기 값이 오르면 소비자는 값이 오른 쇠고기 대신 아직은 값이 오르지 않은 돼지고기를 선택한다.

국민들은 '惡靈惡童 분탕질 이준석'과 동행하는 윤석열 대신 안철수에 관심이 쏠리고 있다. 그래서 지금의 윤석열과 안철수의 관계는 '대체재 관계'이다.(안철수 지지율 15%)

그런가 하면 '보완재'는 김장배추와 김장재료의 관계이다. 김장을 담그기 위해서는 배추 외에 고춧가루, 젓갈 등 여러 가지 김장재료가 필요하다. 그런데 배추 값이 너무 오르면 김장을 적게 담그게 되고 김장재료의 소비도 줄게 되어 있다. 반대로 배추 값이 저렴하면 김장의 양이 늘어나서 배추와 김장재료의 소비가 동반상승한다.

지금 대체재 관계에 있는 윤석열과 안철수의 관계가 3월 9일 이전에 보완재 관계로 바뀌어야 한다. 국민들은 누가 배추이고 누가 김장

속인지를 묻고 따지지 않는다. 윤석열과 안철수, 둘 다 앞 다투어 김장독 속으로 들어가라. 하루속히 잘 익어 숙성되라. 허기진 국민들에게 한겨울 맛있는 김장으로 봉사하라.

지도자의 길은 희생이다. 그러면 국민들은 그대들을 정권교체의 영웅으로 기억할 것이다. 임무 100% 완수다. 그때까지 중도우파의 '확정적 대통령 후보' 자리를 비워둘 것이다. 그래야 두 사람의 관계를 대체재에서 보완재로 바꿀 수 있다.

반면 이재명은 대체, 보완 불가 불량 독립재에 해당된다. 따라서 35%를 넘어설 수 없다.

국민은 종북 주사파 세력교체가 목표다. 경제파탄 세력 교체가 목표다. 안보외교 무능 세력 교체가 목표다. 법치 민주 파괴 세력 교체가 목표다. 공정상식 파괴 세력 교체가 목표다.

우리는 이를 〈정권교체〉라 부른다.

(2022년 1월 10일)

센 언니 김건희 제3차 파고 波高

제3차 김건희 파고가 또다시 밀려오고 있다.

1차 김건희 파고는 열린공감 TV의 보도였다. 첫 번째 공작이니 한 번쯤은 애교로 봐줬다. 2차는 오마이뉴스와 YTN의 '김건희 경력 흠집 내기'였다. 좌파의 2차 김건희 공격은 윤석열의 브랜드인 '공정'과 '출마 정당성'에 상당한 상처를 내고 지나갔다.

그런데 그게 끝이 아닌가 보다.

다시 김건희에 대한 3차 공격이 시작되고 있다. 이번 3차 공격 역시 '7시간 통화'라는 김건희의 자충수에서 시작되고 있다. 이번 3차 공격은 좌파 매체 '서울의 소리'와 MBC가 총대를 메고 있다. 특히 이번 공격을 주도하는 '서울의 소리'는 강성 좌파 스피커다.

이 지점에서 반드시 짚어봐야 할 사항이 있다. 문제는 김건희의 반복되는 좌파 매체와의 인터뷰이다. 왜 김건희는 반복적으로 좌파의 먹잇감이 되고 있는 것인가? 김건희는 무슨 할 말이 그리 많은가?

국민의 힘은 후보의 배우자 관리를 어떻게 하고 있는 것인가?

이렇게 묻지 않을 수 없다. '꽉의 낙서'는 이미 여러 번 윤 캠프의 대선후보 배우자 관리 문제점을 지적한 바 있다. 이는 김건희 개인의 문제가 아니고 나라의 운명이 걸린 문제이기 때문이다.

첫 번째는 얼떨결에, 두 번째는 정치판과 언론 생리를 몰라서, 그런데 세 번째는 답이 안 나온다.

김건희 리스크의 핵심은 통제가 되지 않는 김건희이다. 국민의힘이 좌파의 정치공작을 탓하고 있는 사이 선거는 끝나 버린다. 후보의 배우자가 멋대로 언론을 접촉하고 반복적으로 사고를 친다면 선거를 치를 수 없다.

일요일 방영 예정인 '김건희 7시간'은 또 한 번 대선 판을 요동치게 할 것이다. '서울의 소리'는 '제2의 김대업'이 되기를 바라고 있다. 답은 김건희가 結者解之하는 방법밖에 없다. 김건희 스스로 5년간 미국행 유학 비행기를 타는 방법밖에 없다.

독이 묻은 떡밥을 문 김건희가 독을 삼키는 방법밖에 없다. 김건희가 윤석열 곁을 스스로 떠남으로써 대선을 책임져야 한다. 나라의 운명이 더 절박하다.

(2022년 1월 14일)

고생하셨습니다. 게다가 오늘 지인이신 박진 의원께서 입각하시고^^ sns로 시작된 새로운 공화정의 출발이라고 생각합니다. 10년 전만 해도 미디어의 일방적인 정보에만 의존하던 세상에서 이제 다른 세상으로의 출발점을 열었다고 봅니다.

지금 출발하는 정권도, 개인의 자유와 정보를 독점하려고 하면, 민주당과 같은 처지를 면치 못하리라 생각합니다. 정보의 다양성과 개방성을 바탕으로 한 새로운 정치가 시작된 지금, 거짓이 참을 이길 수 없다고 하던 촛불의 정신을 말하던 민주당이, 새롭게 깨어나서 대한민국의 정치가 바른 균형을 이루었으면 합니다.

이러한 시대정신에 맞추어서, 정치적 소신을 펼치시느라 고군분투하신 선배님께 축하와 수고의 말씀을 올립니다. 짧지 않은 시간동안 '꽉의 낙서'를 통해서 많은 식견을 갖게 되었습니다. 고생하셨습니다. ^^

〈건국 정외 87 김성민〉

누님

조폭이나 뒷골목 양아치들은 만나자마자 다짜고짜 "형님!"이다. 어제 저녁 MBC에서 방영된 '몰녹(몰래 녹취)'에서도 김건희와 기자는 "누님" "동생"이었다.

아마 지난번 오마이뉴스 기자와도 "오빠" "동생" 어쩌고… 하는 소리를 들은 것 같다. 참으로 들어주기 역겨운 장면이었다. 그나마 방송내용은 별거 아니라는 시청자의 반응이니 다행이다.

아마도 이재명의 쌍욕에 단련된 덕분일 것이다.

그러나 우리가 진영 논리에 갇혀서 옳고 그름에 대한 판단능력을 잃는 순간, 좌파의 거센 舊正대공세(베트남 공산당 전술)가 기다리고 있다는 점을 잊지 말자.

이번만은 닥치고 정권교체다. 그래서 김건희는 청와대에 갈 사람이다. 그러니 무엇보다도 사람을 가려서 "누님" "동생" 관계를 맺어야 한다. 청와대 입성을 앞둔 김건희에게 班昭(반소, 後漢시대 문예가)의 충고를 전한다.

'婦言'이라 함은 아녀자가 말을 잘해야 한다는 의미가 아니다. 다만 말을 해야 할 때와 하지 말아야 할 때를 가리고, 할 말과 하지 말아야 할 말을 가려서 하는 것이다. 이는 班昭가 황후, 비빈 등 궁중여인을 교육한 [女戒]의 한 페이지이다.

클래식 음악을 즐겨 듣는 '쎈 언니 김건희'는 4차 산업혁명 시대에 적합한 매력女이다. 김건희 본연의 매력에 '班昭의 충고'를 더해서 청와대에 입성하라. 사람을 가리고 말을 고르는 '婦言 수업'에 힘쓰자. 지금은 윤석열의 성공이 대한민국의 성공이다.

이재명에게 나라를 맡길 수는 없지 않은가?

(2022년 1월 17일)

중도우파 50% 이상 대승 방정식

정권교체를 바라는 국민여론은 항상 50%를 넘고 있다. 반면 문재인의 임기 말 지지율이 40% 이상 견고한 흐름을 보이며 역대 어느 정권에 비해 탄탄하다. 모순된 이상 현상이 계속되고 있다. 혹시 윤석열의 선거 캠페인이 이재명 잡는 데 치중하면서 문재인을 풀어주고 있는 것은 아닐까?

문재인과 이재명은 지금 두더지 게임 중이다. 서로가 상대의 똥물이 무서워 멀리 떨어져 숨바꼭질을 하고 있다. 여기에 우리가 당하고 있는 것은 아닌가?

우파는 이번 선거를 통해 두 마리 두더지를 동시에 잡아야 한다. 문재인 심판이 이재명 세력 영구 퇴출로 이어지게 해야 한다. 그래야 50% 이상 득표로 승리할 수 있다. 그런데 요즘 윤석열 메시지는 "닥치고 정권교체!"뿐인 것 같다. 국민 모두 우리 편뿐이라는 자만과 착시 현상에 빠진 듯하다.

메시지는 받는 입장에서 나와야 한다. 그리고 묵직한 한 방이 선거를 지배해야 한다. 왜? 대중은 가끔씩 왜 정권교체를 해야 하는지 잊게 되기 때문이다. 고로 꾸준히 설득해야 한다. 우리 편은 "닥치고 정권교체!"만으로도 100% 공감, 동의, 행동할 수 있다. 그러나 정작 윤석열이 설득하고 깨부숴야 할 대상은 우파가 아닌 좌파 내지 중도이다. 특히 좌파의 한 표는 우파의 두 표나 마찬가지 효과이다.

그렇다면 문재인과 이재명의 동시 원점 타격 급소는 어디인가? 정수리를 가격해야 KO가 가능하다. 멸공 구호인가? 아니다. 좀 더 정밀 타격이 필요하다. 이번 선거를 지배하는 핵심은 종북 주사파 동부연합 전선 척결이다. 이는 색깔론도 꼴통보수도 아니다. 우리가 5년간 경험한 경험치이다. 이 땅에서 자유민주주의를 지키는 일이다. 한편으로는 종북주사파 세력을 척결해서 좌파에게도 건전 진보 정당의 토양을 만들어주는 과업이다.

이 지점이 저들의 급소이자 우리의 공격 포인트이다. 문재인과 이재명의 급소를 동시 원점 타격해야만 50% 이상 득표로 승리할 수 있다. 그리고 윤석열이 많은 논란을 딛고 중도우파 대통령 후보로 우뚝 서는 길이다. 우격다짐 식 "닥치고 정권교체!" 구호만으로는 좌파와 중도를 설득할 수 없다.

TV토론을 앞둔 윤석열의 큰 전략은 과연 무엇일까?

곰곰 생각해보는 새벽이다.

(2022년 1월 20일 잠 못 드는 새벽녘에)

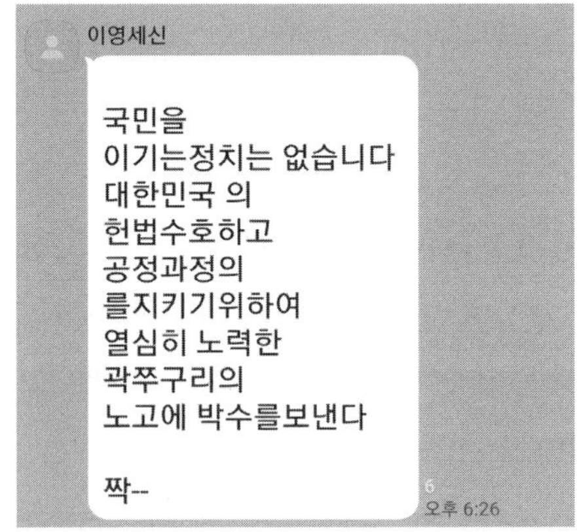

내가 SPARTACUS(스파르타쿠스)다

스파르타쿠스! 내가 태어나서 처음 본 영화다. 영화 〈SPARTACUS〉를 본 것이 초등학교 5학년(1965년) 때쯤 되는 것 같다.

당시 12살 시골 촌뜨기 소년의 〈SPARTACUS〉 관람은 엄청난 문화적 충격이었다.

첫째는 처음 가보는 대도시 영화관의 검은 장막의 위세에 압도되어 영화를 보았다. 그래서 생소한 영화관 분위기에 완전 주눅이 들려 영화를 본 기억이 뇌리를 스친다.

둘째는 '영화'라는 新문명에서 받은 충격이다. 그도 그럴 것이 전기도 안 들어오는 시골 깡촌에서 TV 한 번 못 보고 컸으니…. 그런데 어느 날 갑자기 시네마스코프 총천연색 외화 대작 160분의 관람이었으니, 나로서는 일생 두고두고 크나큰 충격이었다.

셋째는 생애 최초 영화가 운 좋게도 명작 〈SPARTACUS〉라는 사실이다. 나는 영화 〈SPARTACUS〉에서 잊히지 않는 명장면을 간직하고 있다. 내가 기억하는 명장면은 광산 노예생활의 참혹한 장면과 주인공 '커크 다그라스'의 강인함. 그 속에서도 꽃피는 인간의 사랑. 그리고 검투사의 살생 시합과 자기희생…. 그리고 서로 "내가 스파르타쿠스다."라고 외치는 "I am SPARTACUS!!!"의 거대한 울림은 지금도 내 가슴을 뛰게 한다.

1960년 제작된 〈SPARTACUS〉는 12살 시골 소년에게 '용기'를 가르쳤다. (50년 전 어린 동생에게 〈SPARTACUS〉를 선물한 나의 형님께 다시금 감사드립니다.)

그런데 지금 50년이 훌쩍 지나서 나는 실존 〈SPARTACUS〉를 다시 만나게 되었다. 50년 후 12살 시골 소년 앞에 다시 나타난 '실존 SPARTACUS'는 다름 아닌 '윤석열'이다.

그는 현직 검찰총장으로 있으면서 살아있는 권력에 혼자 맞섰다. 그 모습은 콜로세움에서 죽음과 맞서는 검투사의 모습 그대로였다. 그는 "민주주의의 허울을 쓴 독재의 정권을 배격하겠다."며 단기필마로 문재인 독재에 저항했다.

조국, 추미애, 박범계, 김어준 등등 민주당을 등에 업은 모든 좌파들과 혼자서 맞장을 떴다. 이는 살생시합을 벌이는 검투사 'SPARTACUS'의 모습 그대로였다. 그는 사람에 충성하지 않고(윤석열은 평소 "충성은 국가에만 하는 것이다."라고 주장한다.) 오로지 국민만 바라보며 헌법정신을 지키며 목숨 건 투쟁을 해왔다.

그가 이 시대의 'SPARTACUS'가 아니고 누구인가?
그래서 나는 'SPARTACUS 윤석열'을 지지한다.

내가 '윤석열'이고, 내가 'SPARTACUS'다.
우리 모두 '윤석열'이 됩시다.
우리 모두 'SPARTACUS'가 됩시다.
(2022년 1월 25일)

윤석열 키워낸 진짜 참모들
-보수를 분노하게 만든 망언록

1. 문재인의 "마음의 빚", "양념"

2. 김정숙의 "버킷리스트 외유"

3. 이재명의 "단군 이래 최고 최대 치적사업"

4. 이해찬의 "보수 궤멸, 100년 집권"

5. 조국의 "죽창가"

6. 유시민의 "정경심 컴퓨터 증거보존"

7. 박영선의 "생태탕" 신기루

8. 김어준의 "가짜뉴스 생산 공장"

9. 송영길의 "남침 유도설"

10. 도올의 "하늘이 낸 전과 4범 이재명"

11. 박지원 "호랑이 꼬리를 밟지 마라."

12. 추미애의 "소설 쓰시네."

이들이 오리지널 '윤핵관'입니다. 이들이 아니면 어찌 오늘의 윤석열이 있겠습니까? 윤석열의 1급 참모들입니다.

이래 가지고 좌파정권 연장하겠니? 괜스레 울고 짜지 말고 과거를 돌이켜 보아라. 그러면 답이 나올 것이다.
(2022년 1월 26일)

무속 논란 해법

(사실 내가 잘 모르는 분야라서 끼어들고 싶지는 않았다.) 그런데 좌파들이 하도 시끄럽게 떠들어서 한 마디 하고자 한다. (주관적 기준임을 참고하기 바란다.)

인간은 동서고금 막론하고 미래가 궁금해서 불안해했다. 자신의 운명이 달린 중대사의 결심과 실행 앞에서는 더더욱 좌불안석이다.

일예로 김대중 대통령 역시 부모 묘를 용인으로 이장하고 양택 길지를 찾아서 살던 집 동교동을 비워두고 일산과 목동을 전전한 것은 잘 알려진 실화다.

서양에서도 점성술은 극성이었다. 고대 그리스에서도 巫女에게 神託을 받기 위해 나랏님들이 줄을 섰다. 한국인의 관광코스인 그리스 神殿 역시 무녀가 기거하던 점집이다. 인간은 본성적으로 그만큼 나약한 존재이다.

각설하고 김건희 무속 관련 이야기를 해보자. 언론에서 떠드는 무속에는 세 갈래가 있다. 무당, 역술인, 선각자이다.

첫째, 무당은 접신이 된 사람이다.

그래서 무당이 하는 말은 무당에게 달라붙어 있는 귀신이 하는 말이다. 그러니 용한 무당이 되기 위해서는 氣가 센 귀신을 모셔야 영험함을 입는다. 그래서 무당집에 가면 종종 사명대사, 이순신 장군, 맥아더원수 등을 보게 된다. 아니면 영혼이 아주 맑은 童子님을 모시는 경우도 있다. (다만 어떤 신을 모시느냐는 선택의 문제는 아니고 접신이 되는 대로 모셔야 한다.) 그러니 엉터리인 경우가 대부분이다. 도대체 어느 시대 사명대사이고 어느 나라 귀신 맥아더 장군인데 그들이 지금도 옳은 소리를 하겠는가? 그저 영험함이 떨어진 무당이 나오는 대로 지껄이는 것이다.

둘째, 역술인이다.

이는 삼경 중 하나인 易經 풀이다. 세상 만물은 陰陽 원리에 따라 바뀌고 변한다는 것이다. 年마다 月마다 日마다 時마다 秒마다 춥고 덥고 밝고 어둡게 바뀌는 자연의 이치와 조건에 따라 인간의 미래를 예측해보는 것이다. 그러니 조금만 오차가 나도 운명과 길흉화복이 빗나가는 것이다. 그래서 '역술'이라는 것 역시 정답은 없다. 다만 인간이 운명이라는 수수께끼를 풀기 위해 불가능에 도전하는 과정에 불과하다. 이러한 인간의 도전은 오늘도 계속되고 있다. 그것이 요즘

말로 '빅 데이터 산업'이다. 다시 말해 통계과학이다.

세 번째로 선각자이다.

뭐 좀 볼 줄 아는 사람이라고나 할까. 지식이 아니라 나름 識을 맑게 훈련한 사람이다. 묵상기도, 묵주기도, 참선(參禪) 등 다양한 수양 활동을 통해 사람은 識이 맑아진다. 識이 맑아지면 눈이 밝아져서 인간 내면세계 또는 잠재의식 세계 등 눈에 안 보이는 곳을 볼 수 있는 투시력(혜안)이 생기게 된다. 인생의 다양한 경험과 타고난 직관력, 그리고 맑은 識이 결합해서 미래를 보는 예지력이 생기게 된다.

김건희는 무속과 관련하여 아주 중요한 발언을 했다.

첫째는 자신이 무당보다 더 잘 보기 때문에 점 같은 거 안 본다. 아주 건전하면서도 단호하다.

둘째는 '인생이 무엇인가?'라는 것에 흥미가 있고 심신수양 차원에서 하루 종일 클래식 음악 듣는다.

셋째 윤석열과의 만남도 영적으로 통하는 면이 있었다. [김건희 무속 논란]의 정답은 이 말에 다 들어 있다. 아주 훌륭한 정답이다.

김건희는 남다른 직관력 있다. 윤석열과 영적으로 통하는 데가 있었다는 말은 무속이 아니라 요즘 젊은이들 말로 하면 "첫 만남에 필이 꽂혔다."는 것이다. 한 눈에 대통령 감을 알아봤으니 김건희는 대단하다. 김건희 최고다.

그 다음 내가 점쟁이보다 낫다는 말은 점쟁이나 무녀의 속성을 제대로 알기 때문에 그런 데 쫓아다니지 않는다는 건전한 사고방식이다. 그도 그렇지 김건희는 그 분야의 권위자인 박사학위 소유자이다. 아주 당연한 귀결이다.

그리고 "하루 종일 클래식 음악을 듣는다." 이는 묵상, 묵주, 참선 기도를 생활화하고 있다는 말이다. 김건희의 정치에 대한 통찰력은 클래식 음악 수행의 결과이다.

(나도 주위에서 가끔 神氣가 있다는 소리를 듣는다. 왜냐하면 처음 가는 동네에서도 단번에 맛집을 감별하기 때문이다. 이러한 神氣는 생활의 필수요소다.)

김건희는 수준 있는 삶의 예지력과 통찰력을 말했을 뿐이다. 그런데 좌파들이 '무속'이라고 벌떼처럼 들고 일어나서 난리굿을 쳐댄다. 천박한 정치공세일 뿐이다. 이재명은 팔공산에서 수천만 원을 들여 굿을 했다고 하지 않는가? 도대체 누가 무속 맹신세력이고 누가 인간적 예지력을 갖춘 교양인이란 말인가?

(2022년 1월 26일)

김건희와 이재명의 한 판 승부

지난 16일 MBC가 소위 '김건희 7시간 녹취록'을 방영했다. 이재명이 상대하기 벅찬 윤석열에게 잠시 충전할 시간을 주고 대신 만만하게 보이는 김건희를 링으로 불러올렸다.

이재명은 윤석열의 약한 고리가 김건희라고 오판했다. 그래서 김건희를 상대로 '뒤집기 한 판'을 한껏 기대했었다. 그런데 웬걸 만만하게 본 김건희의 한 방에 오히려 이재명이 링에서 뻗어 버렸다.

이재명의 무기는 '巧言令色'이었다. 이재명은 문자 그대로 유권자에게 잘 보이기 위해 말을 그때그때 꾸미고 낯빛을 고치고 나타난다. 그러나 巧言令色은 금방 탄로 나게 되어 있다.

반면 김건희는 꾸밀 틈도 없이 '민낯 쌩얼' 그대로 '인간 김건희'의 모습을 그대로 내비치고 있다. 시청자의 반응은 폭발적이었고 태그매치로 링 위로 교대로 올라온 선수 김건희는 이재명을 링 바닥에 메다꽂았다.

지난주 윤석열 지지율 폭등의 일등공신은 김건희였다. 부부 합작의 깐부 위력이었다. 이러다 보니 이재명은 김건희 어퍼컷에 지금 휘청대고 있는 중이다. 울고 짜고 절하고 나 원 참 코피 줄줄 흘리다 못해 눈에 실핏줄까지 터지고 목소리에 힘도 다 빠져 쉰 소리를 낸다.

그 사이 충전을 마친 윤석열은 이준석과 원희룡의 목마를 타고 '박진' 글로벌 비전위원장이 마련한 새 글러브를 끼고 링에서 김건희와 교대했다.

윤석열은 '박진' 제작 감독이 심혈을 기울인 작품 〈자유, 평화, 번영 글로벌 중추국가〉라는 묵직한 한 방을 날렸다. 이 한 방으로 윤석열은 비로소 대권후보다운 반열에 올랐다. 반면 이재명은 완전 승기를 빼앗겼다. 거대담론의 이니셔티브를 뺏긴 것이다.

고수는 포석의 先手 착점이 중요하다. 좌파는 결정적으로 (야비한 냄새 펄펄 나는) 녹취 네거티브만 알지 유권자 내면 심리를 모른다.

1992년 대통령 선거당시 부산지역 기관장들이 YS를 밀기 위해 '초원복집'에 모여 "우리가 남이가?"를 외쳤다. YS 상대 정주영 후보의 아들 정몽준은 이 장면을 제보 받고 몰래 녹취를 해서 이를 세상에 공개했다. YS의 위법한 선거운동을 세상에 알리기 위한 극약 처방이었다. 그러나 세상 민심은 정몽준의 기대와는 정반대로 YS편을 들어주었다.

"우리가 남이가?" 한 마디에 PK가 YS로 결집해 버린 것이다.

김건희 녹취록은 '초원복집'의 데자뷰이다. 이걸 모른 좌파가 바보다. 이번 주 대선정국 진짜 거대담론의 핵은 '박진'표 〈글로벌 중추국가〉 아젠다다.

이제 김건희는 제발 당 선대위에서 밀착 관리를 해야 한다. 진짜 마음 졸인다. 대선 D-40일 주간의 정가 흐름에….

(2022년 1월 27일)

포퓰리즘 이재명의 역습☆

'이재명' 하면 베네수엘라型 포퓰리즘의 국내 슈퍼 전파자이다. 그런데 이재명式 퍼주기가 요즘 힘을 못 쓰고 있다. 기본소득, 기본주택, 국토보유세 등등 모든 이슈가 U턴 내지 교묘한 말 바꾸기이다. 중요한 것은 이재명이 말 바꾸기를 하면 할수록 이재명은 '신뢰할 수 없는 인간'의 수렁에 빠지고 있다.

(내가 이재명이를 구할 묘수가 있긴 한데… 敵將이라서 천기를 누설할 수는 없고… 다만 여기서 이재명 지지율이 왜 빠지는지 한 수 가르쳐 주겠다. 참고하기 바란다.)

한 마디로 이재명 당선되면 퍼주기 정치로 인해 나라가 거덜 난다는 것이 국민의 보편적 인식으로 자리 잡고 있다. 자업자득, 과유불급의 결과이다.

그런데 나라가 망하면 제일 손해를 보는 집단은 누구인가? 다름 아닌 연금 수혜자다. 망한 나라에서 공무원연금, 군인연금, 교원연금을 제대로 받을 수 있겠나? 그러다 보니 연금에 목숨 걸고 있는 공무원,

교원, 군인 등은 나라 망하는 꼴, 내 주머니 털리는 꼴은 눈뜨고 보지 못한다.

예를 들면 대머리에게 모발 심어주는 공약이 더욱 그들을 분노케 했다. 이는 지역에 관계없는 현상이다. 호남에서도 마찬가지다. 지역주의보다 내 호주머니가 우선이다. 이재명 당선이 내 호주머니를 빈 털터리로 만들 수 있기 때문이다. 그래서 공무원, 군인, 교사 등은 절대로 이재명을 찍지 않는다.

한 치 앞을 내다보지 못한 이것이 이재명 표 포퓰리즘의 역습이다. 민주당에 만 명이 있으면 뭐하나? 권력에 눈이 멀어 한 치 앞을 못 보는 멍텅구리 집단인데….

(2022년 1월 28일)

패배의 신호탄 제1탄 웰컴 이해찬

(거꾸로 가는 이재명은 끝났다.)

어제 저녁 TV 화면에 이해찬이 등장했다. 이해찬이 TV에 얼굴을 내밀면 그것은 좌파의 패배 신호다.

그만큼 좌파가 다급하다는 반증이다.

지난 4.7 서울, 부산시장 보궐선거에서도 그랬다. 민주당은 막판에 판세가 기우니까 이해찬이 TV에 나와서 한 마디 한다.

"이번 선거는 우리가 거의 다 이기고 있다."

근거 없는 거짓말로 좌빨들을 상대로 새빨간 사기를 쳤다. 이번에도 또다시 TV에 나타나 이렇게 말한다.

"진영 대결로 가면 이긴다."

"이재명은 정직한 사람이다."

"윤석열이 당선되면 조국 가족이 몇 명 생길지 모른다."

황당무계한 공갈 협박이고 지나가던 소가 웃을 가소로운 소리다.

이해찬의 선동수법은 김대중 대통령한테 배운 솜씨가 아닌가 싶다.

김대중은 1987년 대선에서 평민당을 창당하면서 '4자 필승론'을 주장했었다. 당시 DJ는 패배가 확실시되는 선거 전날까지도 "(내가 승리하는 것은) 내일 아침 태양이 동쪽에서 뜨는 이치와 같다!"고 큰 소리를 친 바 있다.

그날 저녁 순진한 DJ 지지자들은 3등으로 떨어지는 DJ를 보면서 "해가 서쪽에서도 뜬다."는 사실을 믿은 것과 같다며 허탈감과 무력감에 통음의 밤을 보냈는데….

다음날 아침 해가 뜰 때까지도 (DJ의 패배를 인정하지 못한 채) 쓰린 가슴을 부여안고 허황된 기적을 기다렸다.

그대까지 귓전을 맴도는 DJ의 열변을 떠올리며 선거 결과가 뒤집히길 빌었다. 그러나 기적은 없었다. 당시 30대 초반의 '꽉' 역시 그들 중 한 사람이었다.

이제 시대는 많이 변했다. 2030이 선거판을 흔드는 시대다. 그럼에도 불구하고 좌파들은 '이해찬'이라는 철이 지나도 한참 지난 고장 난 유성기를 틀며 자아도취에 빠져 있다.

(2022년 1월 30일)

패배의 신호탄 이해찬 제2탄, 상왕의 시대는 갔다

어쨌든 나는 이재명에게 건네줄 비단 주머니도 몇 개 준비되어 있다. 그 중 하나가 '이해찬 퇴출' 카드다.

솔직히 지금 상황에서 이재명이 살아날 수 있는 탈출구는 '이해찬 강제 퇴출'에서부터 시작되어야 한다.

그렇다면 이재명은 왜 이해찬을 내쳐야 하나?

첫째로 송영길의 586 퇴출보다 이해찬 퇴출이 급선무다.

이해찬을 놔두고 586을 퇴출한다는 것이 맞는 얘기인가? 이는 이재명의 비겁성만 드러내는 말장난에 불과하다. 20대 총선 당시 김종인 민주당 비대원장의 첫 작품이 이해찬, 정청래 퇴출이었다. 결과는 민주당 대승이었다. 이재명이 곱씹어봐야 할 대목이다.

둘째, 이해찬은 한국정치사의 최대 막말 종결자이다.

"보수 궤멸, 100년 집권"은 오만의 극치다. 이 말 한 마디로 민주당은 폭망한 것이다. 그래서 이해찬은 퇴출되어야 한다. 막말과 오만의 종결자를 앞세우고 선거에서 승리하겠다고? 나무 위에서 고기를 구하는 것과 같다.

셋째, 이해찬은 아파트값 폭등의 핵심 주범이다.

이해찬과 김태년이 임대차 3법 속도전의 주범이다. 서민 주거행복권 침탈의 주범이다. 이재명이 진정 대통령이 되고자 한다면 전과 4범의 '깡다구'를 보여주어야 한다. 이해찬을 무릎 꿇리고 목을 쳐야 한다. 읍참마속이라고 들어는 봤나? 그러면 아마도 국민은 이재명에게 또 한 번 속을지도 모른다.
(2022년 1월 30일)

마지막 36일, 본 게임이 시작되다

설날 아침 인사 올립니다.

이제 36일 남았다. 지금까지 드러나 있는 변수는 세 가지. 안철수, TV토론, 김건희 리스크다. 이는 대선 후보 쌍방이 공유하는 위기이자 기회 요인이다. 그런데 이 문제들이 어디로 튈 것인가? 바로 그것이 문제로다.

안철수가 이재명과 손잡으면 보수는 진다고 봐야 한다. TV토론 또한 완전 망하면 진다. 김건희의 등장이 실패로 이어지면 완전히 진다. (그런데 현재 김혜경 리스크는 핵폭발 중이다.)

최악의 경우를 대비해야 한다. 그럴 가능성이 거의 없을지라도…. 그 외 김정은, 돈 풀기, 코로나 창궐의 변수도 남아 있다. 그래서 오만하지 말라는 것이다.

"정치는 살아있는 생물"이라고 하지 않았던가? 또 다른 어떤 변수가 잠복해 있을지 아무도 모른다. 오로지 낮은 자세로 혼신의 힘을 다해 총력공격, 총력방어 말고는 다른 방법이 없다.

새해 복 많이 받으십시오!

(2022년 壬寅年 元旦)

사실 대선 기간 중 꽉의 낙서가 기다려질 정도로 괜찮았어...
아는 사람이 써서 그랬는지 모르지만,
유력 일간지 칼럼리스트가 쓴 것 같은 느낌~!

〈언제나 반가운 홍쭈구리들〉

첫 TV 토론

어제 저녁 첫 TV 토론이 열렸다. 워낙 소문이 난 잔치였으니 국민들의 관심도 그만큼 집중되었다. TV 토론은 유권자들에게 후보자 검증의 기회를 제공한다.

그러나 TV 토론을 기다리는 유권자의 진짜 속마음은 다른 곳에 있다. 후보자 검증보다도 후보 간 화끈한 한 판 싸움을 구경하고 싶은 것이다. 유권자는 싸움구경을 통해 정치적 카타르시스를 느끼고자 한다.

이런 측면에서 TV 토론은 한 편의 悲劇을 담은 정치 격투기이다. 이 격투기 게임에서 한 방 잘못 맞으면 KO패 당할 수 있다. 그래서 각 후보 진영은 TV 토론에 바짝 긴장한다.

그런데 어제 저녁에는 특히 이재명이 기가 죽었다. 이재명이 바짝 긴장하고 몸조심하는 바람에 제대로 된 한판 승부가 없었다. 총평은 윤석열 판정승이다. 윤석열 역시 연타를 치는 내공이 부족했다. 그래서 KO 대신 판정승이었다.

당초부터 이재명은 잘해야 본전이고 윤석열은 선방만 해도 승리하는 게임이었다. 왜냐하면 그동안 이재명은 스스로가 쌈 잘한다고 촐싹대는 바람에 대중의 기대치를 한껏 높여 놨다.

그러나 막상 뚜껑을 열어보니 윤석열의 묵직함과 이재명의 교활함이 부딪히는 한판이었다. 이재명이 부리는 잔재주는 기껏 변함없는 대장동 덮어 씌우기였다. 이미 대중은 이재명의 교활함에 지쳐있다는 것을 아직도 모르고 있는 듯하다.

그리고 고작 'RE 100'이라는 장학퀴즈 같은 함정을 파놓고 기다리는 게 전부였다. 이 역시 계산된 잔꾀였다. 한 수 위라고 믿었던 이재명 지지자들조차 실망감을 털어 놓았다. 반면 윤석열 지지자는 안도의 한숨을 내쉬었다. 승리를 향해 한발 더 전진하는 밤이었다.

다만 청약 40점 만점이 아프다. 과거 한나라당 당대표 경선에서 정몽준이 버스요금을 "70원."이라고 답한 적이 있다. (공성진 질문, 답은 1000원) 이 답변으로 인해 정몽준은 그의 정치여정 내내 '재벌 후보 정몽준'으로 낙인 찍혀 버렸다.

에피소드이지만 이에 대해 당시 경쟁자였던 '박희태'는 "착오라고 하니 착오로 생각한다." "서로 비방은 하지 말아야 한다. 나는 비방에 아주 약하다."

과연 '내로남불'의 원작자다운 정치 풍류가 아닐 수 없다.

이재명 후보님!
경기도 법인카드로 산 쇠고기 맛은 어떤가요?
유권자인 국민이 상당히 궁금해 합니다.
(2022년 2월 4일)

제5장
2022년 마지막 30일

대선 D-30 死鬪의 현장

정치와 권력은 잔인하다. 특히나 이재명과의 싸움은 더 잔인하다. 정치는 피를 흘리지 않는 전쟁이요 전쟁은 피 흘리는 정치다. 지금은 戰爭중이다. 사족은 필요 없다. 핵심 관전 포인트를 정리해 보자.

1. 호남 민심의 변화.

쌍욕 후보에게 도덕적으로 양심상 도저히 투표 불가하다. 이낙연 경선 패배 아쉬움에 따른 후유증이 아직은 남아 있다. 호남 대통령 무산이 너무 아쉽다.

그렇다면 맹목적 지역주의에서 실리주의로 변화하자(특히 2030 중심). 공무원 등 연금 수령자들은 이재명 식 포퓰리즘에 나라 완전 망할까 떨고 있다. 그래서 호남 민심 동요하고 있다.

2. 안철수 단일화 행보.

윤석열의 정치력과 결단 필요. 3차 이준석 쇼크 시 대선 필패. 이준석 반발의 후폭풍 관리가 관건. 안철수의 최종 선택, 철수의 명분과 실리. 혹시라도 이재명 (민주당)과 손잡을 가능성은 없나? 그래서 가장 중요한 건, 꺼진 불도 다시 보자.

3. 아재명의 악바리 근성 총력전

김혜경, 법카 논란 어디까지? 표의 조직화 선언. (국회의원 1인당 1만 명 등 200만 명 조직화 진행) 표 조직화가 부정선거로 이어질 소지 있으므로 감시가 필요. 이재명의 김종인, 이상돈, 윤여준 접촉이 주는 후폭풍 집중 관리 이재명은 이대로 가면 必敗, 탈출 전략의 한 방은 무엇인가?

4. 노무현 쟁탈전(노무현 팔이)

윤석열 강정마을 감성 호소 對 이재명 봉하마을 방문. 망자 노무현 소환 선거운동. 안철수의 노무현 칭송 영상.

5. 좌파의 분열

친李 對 반李 대결. 좌파 내 최소 양심 對 완전 비양심 대결. 反이재명, 친노, 친문, 낙빠, 친조국 등 서로 엉켜서 자중지란 갈등 중.

6. 코로나 대량 확진 국면 등

우리 역사상 찾아보기 어려운 內戰 수준의 선거가 진행되고 있다. 이념, 북핵, 대북 굴종, 대중 굴신, 쇼통 정치, 편 가르기, 본인 비리, 대장동 몸통 논란, 후보의 쌍욕 도덕성, 배우자 비리 자격 논란, 안보, 민생, 코로나, 빈부격차, 실업, 집값, 100년 집권 보수궤멸 등등등

어차피 이번 대선은 죽느냐 사느냐 게임이다. 이재명은 국회의원 1인당 10,000명(만 명씩) 선거운동… 그럼 우리도 무명용사 1인당 최소 100명씩은 모으자.

"내가 윤석열이다!"
(2022년 1월 8일)

이재명 선거 전략의 특징

첫째, 목숨 건 생존게임 전략이다.

20대 대선은 치열하기가 다른 선거와 차원이 다르다. 한 마디로 '목숨을 건 싸움'이 진행되고 있다. 상대를 이기지 못하면 내가 죽는 게임이다. 왜냐하면 이미 드러난 범죄가 많기 때문이다. 이를 그냥 덮을 수는 없지 않은가?

선거 결과에 따라 죄 있는 자는 죽게 되어 있다. 죄가 없다면 산다. 그래서 죄 있는 者는 살기 위해서라도 더욱 악착같이 달려들고 있다. 승리만이 유일한 생존 전략이다. 이는 실제상황이다.

둘째, 진영 대결 조직 총동원 전략이다.

이준석의 세대포위론 바람 전략과 충돌하고 있다. 좌파는 선거 초반부터 도덕성 게임에서 졌다. 그래서 바람 전략은 안 통한다. 이를 만회하는 방법으로 '닥치고 자기편 결집'시키는 전략을 쓰고 있다. 즉 '묻지 마' 진영 대결로 도덕성 뒤집기 한 판을 시도하는 중이다. 이러한 전략은 이해찬의 진영대결 승리론, 국회의원 1인당 만 표~200만 표 조직화론, 111 선거 점조직 운동 등으로 나타나고 있다.

더구나 탄핵 사태 이후 우파 조직은 와해되었고 좌파는 견고해졌다. 이 강점을 이용하는 전략이다. 좌파는 국회의원 180명의 중앙권력, 시장군수 및 시도의회를 장악한 지방권력, 권력에 기생하는 각종 시민단체, 친여 언론매체, 노조 등이 총 동원령 대기상태에 있다. 더구나 코로나정국 또한 어떻게 활용될지 아직은 미지수다.

셋째, 위장전략이다.

이재명은 정체를 감추는 전략을 쓰고 있다. 진짜 존경하는지 속마음은 아무도 모른다. 이재명의 정확한 사상적 정체는 좌파도 모른다. 그냥 자기네 편이겠지 하고 날뛰고 있다. 다만 무서운 사람인 것만은 분명하다. 문재인과 차별화를 철두철미 위장하고 있다. 이재명의 본심은 집권 후에 비로소 나타날 것이다. 이재명은 중도화를 위장하고 있다. 이재명 중도화 위장전략에 김종인, 이상돈, 윤여준 영감들이 놀아나고 있다.

안철수마저 이재명 위장전략에 놀아나면 대한민국은 망한다. 이 판국에 이준석은 오만하다. 선거는 한 표를 소중히 모실 때 승리한다. 안철수를 모셔 와라. 안철수를 모시는 길만이 이재명의 중도 위장전략을 깨는 한 방이다.

知彼知己 百戰百勝
(2022년 2월 9일)

아이쿠~^
꽉의 낙서가 드디어 책
으로 나오는군요
진심으로 축하드립니다
제이름 크게 올려주시길
부탁드립니다
노력하신 그대에게 감사
를 전합니다
흔적 남기신다는것 정말
보람입니다
그동안 수고하셨습니다,
제5군단 사령부전역
유재형배

2
오후 10:17

이재명 식 사과의 新기술

힘만으로 상대를 눕힐 수는 없다. 기술을 걸어야 상대가 넘어간다. 사과에도 기술이 필요하다. 가장 큰 기술은 물론 진정성이다. 진정성이 조금이라도 보여야 한 번쯤 속아줄 수 있다. 진정성 없는 사과는 일종의 사기극이다. 이재명과 법카 여사 김혜경으로부터 '사과의 新기술'을 배워본다.

1. "사과한다고 하니까 진짜 사과"로 알면 큰 코 다친다.

2. 읍소 눈물 전략. 일단 무릎 꿇고 큰절하며 운다. 그런데 조국 선생 왈 파리는 앞발 비빌 때 때려잡아야 한다고 했다.

3. 사과는 맹탕 사과가 정석 플레이. 후일 법적으로 책임을 지게 될 구체적 사실은 피한다. "이재명은 법꾸라지 인권 변호사다."

4. 꼬리 자르기는 기본. 무조건 아랫사람에 떠넘긴다. "아랫사람을 잘 살펴보지 못한 제 불찰입니다."

5. 모르는 사람 전략. 급하면 아들도 남이다. 얼굴도 모르는 사람이다.

6. 나 혼자는 못 죽어. 물귀신 작전, 물 타기 전략은 필수 코스. "김건희도 같이 죽자."

7. 사과는 막다른 골목에서 한다. 웬만하면 뭉개고 갈 데까지 가본다. 법카 논란도 이낙연이 사과하라고 해서 어쩔 수 없이 사과했다.

8. 인내 전략. 이슈가 이슈를 덮어줄 때까지 "나 죽었습니다." 하고 기다린다.

9. 팩트는 중요하지 않다. 사과의 무기는 합리화이다. 거짓말과 화려한 언변이 주무기.

10. 국민이 나를 속이지는 못한다. 다만 내가 국민을 속일 수 있을 뿐이다.

(2022년 2월 11일)

신(新)적폐 청산, 실수인가, 전략인가?

'꽉의 낙서'에는 "내가 원조다!" 싶은 대목이 종종 있다. 물론 착각은 자유이다. 예를 들면 꽉이 원조인 '민정수석 폐지' '책임장관제'는 '청와대 집무실 폐지' 공약으로 이어졌다. 안철수의 '닥치고 정권교체론' 비판 역시 꽉이 원조다. 꽉의 "내가 윤석열이라면…"도 역시 여야 모두가 이 구호를 진화시켜서 선거 구호로 잘 쓰고 있다. 그 외에도 다수가 있다. 정권교체 후 '원조집 지적재산권 판권료' 징수를 별도 검토해야겠다.

어쨌든 대선을 4주 앞둔 시점에서 '문재인 참전'의 큰 장이 섰다. 윤석열의 '신(新)적폐 청산' 한 마디에 문재인이 발끈해서 선거판 중심으로 뛰어들었다. 그도 그럴 것이 '罪 있는 자는 지면 죽는 대선'이기 때문이다. 여권은 환호하고 있다. 김혜경 악재를 희석시키는 이슈에 여권 결집 효과까지 기대하면서….

그렇다면 윤석열의 '신(新)적폐 청산'은 실수일까, 고도의 전략일까?
전선이 다변화되고 있다.
(2022년 2월 10일)

안철수와 이준석이 함께 사는 법, "라이벌이 되어라."

정권교체의 기본공식은 윤석열과 안철수의 단일화이다. 정권교체를 바라는 국민들은 윤석열과 안철수의 단일화를 학수고대하고 있다. 그럼에도 아직은 안철수의 선택이 아리송하다. 안철수는 좌파의 추파에 눈길을 주는 듯한 모양새까지 연출하고 있다. 물론 전략적 위장액션이라고 생각한다.

(정권교체를 갈망한다던) 안철수가 왜 이재명과 물밑 접촉을 시도하고 있는 것인가?

이유는 간단하다. 윤석열과 안철수 사이에 이준석이 끼어 있기 때문이다. 4,7 서울시장 보선 이후 안철수의 국민의힘 진입을 줄기차게 막은 것은 이준석이다. 이는 부인할 수 없는 팩트이다.

그나마 어제(2. 11) 이준석이 전향적인 태도를 보인 게 천만다행이다. 어쩌다 안철수가 이재명과 손이라도 잡는 날에는 정권교체는 물 건너 간다. 그러면 이준석의 정치생명도 끝나게 된다.

뿐만 아니다. 어떤 이유로든 윤, 안 단일화가 불발되어 정권교체에 실패하는 경우, 이준석은 그에 따른 책임을 벗어나기 어렵다. 단일화

반대의 원죄(原罪) 때문이다.

이준석은 천재다. 정치공학 선거의 달인 '이준석'이 안철수와 舊怨으로 어리석은 모험을 하지는 않을 것이다. 그렇지 않아도 이준석의 지나친 '엘리트주의'가 '국민의힘=이준석 당'이라는 우려가 제기될 수 있는 상황이다. 이러한 상황에서 이준석과 안철수는 어쩌면 좋은 궁합이 될 수 있다. 천재끼리 붙어봐라. 원희룡도 가세해서….

과거 김영삼과 김대중, 김종필의 라이벌 구도 같은 그림을 그려 보아라. 큰 그림을 위해서는 안철수가 조건 없이 자기 발로 걸어서 국민의힘에 들어가라. 윤석열의 기습 입당처럼….

지금이 몸값 가장 높을 때이다. 안철수 기습 입당으로 중도우파를 결속시켜 정권교체 일등공신 훈장을 달아라. 그리고 이준석의 대항마가 되어라. 당내 비주류를 형성해라. 충분히 가능하다. 잘만 하면 윤핵관이 후원할 것이다.

이준석 역시 안철수가 필요하다. 큰 정치인을 꿈꿔라. 안철수를 동지적 경쟁자로 맞아라. 그래야 이준석이 차기 대권후보의 반열에 오른다. 이준석도 안철수가 있어야 건강하게 자랄 수 있다. 윤석열, 안철수, 이준석의 3각 편대는 '새로운 국민의힘'이 될 것이다. 어디 그뿐인가? 박진, 오세훈, 원희룡, 나경원, 윤희숙, 김은혜 등이 가세하면 세대교체를 이룩한 젊고 강력한 국민의힘이 될 것이다. 국민의 사랑받는 국민의힘이 될 것이다.

그래야 윤석열 집권후 국민의 전폭적 지지를 받아 좌파의 저항을 막을 수 있다. 강력한 방파제가 필요하다.

지금은 정치적 상상력을 최대한 동원할 때이다.
(2022년 2월 12일)

선거는 끝났다
(행동하는 양심 對 행동하는 비양심의 대결)

호남 민심이 동요하고 있다. 그렇게 되면 선거는 끝난 것이다. 최근 나타나고 있는, 호남이 동요하는 몇 가지 징후를 살펴보자.

첫째, 광주에서 기독교 목회자 300명이 윤석열 지지를 선언하고 나섰다.

둘째, 서울 은평에서 호남 출신 지방의원 등 100여 명의 민주당원이 집단 탈당해서 윤석열 지지를 선언했다.

셋째, 최근 호남 민심 여론조사에서 윤석열이 20%를 넘는 지지를 받는 여론조사 결과가 나왔다.

넷째, '윤석열차'에 대한 주민호응이 뜨겁다. 이는 호남 지배층 민심과 호남 바닥 민심에 온도 차가 있다는 반증이다.

대선전 종반에 나타나는 이러한 이상 징후들은 매우 중요한 의미를 갖는다. 호남 민심의 동요는 곧바로 이재명 패배로 이어진다.

왜냐?

첫째, 호남은 그동안 묻지 마 줄 투표를 했다. 좌파정권 창출의 원천이었다. 강력한 표의 결속력으로 좌파 정권을 떠받쳐온 곳이 호남이다. 이러한 좌파 심장부에 균열이 생기면 이재명은 자동으로 청산된다.

둘째, 우파 후보가 호남에서 지지를 받는 것은 '낙타가 바늘구멍 들어가기'와 같다. 윤석열이 호남에서 고차 방정식을 풀어내면 나머지 덧셈 뺄셈은 무조건 100점이다.

셋째, 호남 민심이 동요하면 서울이 움직인다. 서울 인구의 고향 분포는 1위가 호남인이다.

넷째, 서울이 요동치면 경기, 인천, 수도권이 따라 움직인다. 그 외 나머지는 윤석열 텃밭이다. 대승의 조건은 역시 "호남이 없으면 나라가 없다."

이러한 호남 동요의 핵심 요인은 무엇인가?

문재인과 이재명에게는 "김대중의 피가 없다."는 것이다. 김대중은 '행동하는 양심'인데, 이재명은 '행동하는 비양심'이라는 게 호남인의 결론이다. 지금 호남은 "이재명 손절"에 나설 태세이다. 그러면 선거는 끝난 것이다.

(2022년 2월 13일)

안철수의 패착

초등생이 대학생에게 맞장 뜨자고 먼저 웃통을 벗었다. 대학생이 초등생을 상대로 맞장 뜨면 어찌 되나? 자칫하다간 세간의 웃음거리가 된다. 골프 100돌이가 싱글 골퍼에게 핸디 없이 한 판 붙자는 꼴이다. 게임을 위해서는 실력에 맞게 핸디를 정중히 요청하는 것이 예의다. '역(逆)선택 알까기 요행수'에 승부를 걸겠다는 얘기다.

의석수 100:3
지지율 45: 7
제1야당 후보: 제3당 후보

윤석열 대 안철수의 실력 성적표다. 안철수의 맞장 제안은 안철수 지지율이 일시적으로나마 15%를 넘었을 때 가능했다. 안철수가 정치적 촉이 있다면 그때 단일화를 전격 제안했어야 했다. 안철수는 자신의 존재감을 키울 수 있는 기회를 놓쳤다. 그래서 정치는 타이밍의 예술이라 한다.

그런데 이제 안철수는 수읽기에 몰렸다. 그래서 악수를 두고 있다. 이제는 이재명에 추파를 보내는 퇴로조차 막혔다. 꼼짝없이 惡童 이준석 페이스에 말리게 되었다. 물론 윤석열의 포용력이 안철수를 求할 것이다. 윤석열은 안철수와 이준석을 양 옆에 거느려야 한다. 大兄 윤석열의 리더십 진면목이 다시 한 번 발현되길 기대한다.

(2022년 2월 14일)

단일화, 무엇이 문제인가?

정권교체의 새 날이 밝았다.

오늘부터 사전투표일까지는 피 말리는 18일이 남았다. 일전에 문재인이 '정치 보복 프레임'으로 치고 빠지기 式 선거개입을 했다. 결과는 막판 선거전을 급속히 진영 대결 양상으로 돌려놓았다. 이래저래 이번 선거 결과도 3% 이내 초박빙이 예측되고 있다. 따라서 단일화의 필요성은 더욱 절실한 반면 시간은 촉박하다.

그렇다면 정권교체를 위한 안전판인 막판 단일화 문제를 어떻게 풀 것인가? 그동안 윤석열은 김무성, 홍준표, 김한길 등을 통해 안철수와의 협상을 시도해온 것으로 알려지고 있다. 그러나 이들은 빈손으로 돌아왔다. 왜 빈손일 수밖에 없었나?

안철수가 배불러서가 아니다. 소위 정치 9단 고수들이 바보다. 이준석 손바닥 안에서 놀아나고 있는 것이다. 그들이 안철수를 찾아가면 뭐 하나? 문제는 이준석이다. 지금 윤석열과 이준석은 서로 다른 목소리를 내고 있다. (만약 짜고 치는 작전이라면 지나치다. 역풍을 맞는다.) 윤석열은 단일화를 원하는 반면 이준석은 안철수 고사작전을 쓰고 있다.

안철수 입장에서는 윤석열과 이준석이 서로 다른 목소리를 내고 있는데, 누구의 얘기인들 귓전에 들어오겠나?

오히려 모욕감만 느낄 뿐이다. 또한 후보와 당대표가 서로 다른 생각을 갖고 안철수를 만난다는 것은 예의도 아니고 기본도 아니고 따라서 결과도 기대할 수 없다.

현재로선 이준석이 단일화의 걸림돌인 건 세상이 다 안다.

단일화의 선결과제는 윤석열이 이준석의 항복을 받아내는 일이다. 이준석이 안철수의 자존심을 살려주는 한 마디면 단일화는 10분 만에 끝난다.

이래저래 이준석은 정치 퇴물들을 갖고 노는 정치 惡童이다. 좌우지간 일은 순서가 있다. 결전의 날이 밝았다. 이제 막판이다. 고기가 있는 곳에 그물을 던져라. 안철수를 잡아서 확실한 4%를 올려라. 그리고 시너지 효과를 만들어라.

대선 출정식 날 눈발이 날리고 있다.

비장한 아침이다.

(2022년 2월 16일)

이재명, 슬로건戰에서도 졌다!

선거 슬로건은 선거운동의 깃발이다.

유권자는 깃발을 보고 모여든다. 따라서 좋은 슬로건이 좋은 선거 결과를 만든다. 이재명의 슬로건은 어떤가? 기호1번 이재명은 슬로건 전투에서 이미 두 번 敗했다.

첫 번째 슬로건은 "이재명은 합니다!"였다.

이 슬로건은 "형님, 저는 한다면 합니다!"를 연상시켰다. 이 레토릭은 김재규가 원조다. 김재규가 박정희 대통령을 시해한 후 김계원에게 내뱉은 첫 마디였다. 그러다 보니 이 슬로건은 이재명의 강성 이미지가 군사문화, 조폭문화와 연계되는 악성 슬로건이 되었다. 이재명은 이 슬로건으로 인해 '가짜 온건 중도화' 선거 전략의 스텝이 처음부터 완전히 꼬이고 말았다. 이때부터 이재명은 냉탕과 온탕을 왔다 갔다 하기 시작했다.

두 번째는 "나를 위해 이재명!"이었다.

이 구호 역시 법카 몰래 사용, 쇠고기 논쟁과 결합되면서 유권자들은 “이재명을 위한 민주당”, “이재명만을 위해서!”로 받아들이는 대참사를 불렀다. 그래서 이번에 세 번째 슬로건이 나오게 되었다. 사실 숨겨진 대참사다.

세 번째 구호의 방점은 ‘경제 대통령’이다.

그러나 이 역시 실패작이다. ‘경제 대통령’ 슬로건의 원조는 동부구치소에 계시는 이명박 대통령이다. 17대 대선 때 이명박 후보가 실컷 우려먹은 낡은 구호다. 이미 식상한 용어다. 아무런 감동도 없는 죽은 구호다. 특히나 대장동의 몸통으로 지목되고 있는 사람이 ‘경제 대통령’이라고?

선거 슬로건이 유권자의 관심을 끌기 위해서는 몇 가지 필요조건이 있다. 그 중 하나가 자신에게 어울리는 옷을 입는 것이다. 특히 후보자의 삶과 어울리는 슬로건이어야 유권자의 공감을 얻는다. 과연 이재명이 언제부터 경제통이었나? 소가 웃을 일이다. 그만큼 이재명 캠프는 빈곤하다. 그러다 보니 할 수 있는 건 네거티브뿐이다. ‘이재명 경제 대통령’은 이재명 낙선 구호가 될 것이다.

※이재명의 경제 대통령은 TV토론에서의 '기축통화국' 발언으로 폭망한다.

(2022년 2월 17일)

윤석열 승리의 징후들, 선거운동 첫날 스케치

큰일을 앞두고는 매사에 조짐이 있다.

주변에서 일어나는 여러 길흉의 조짐을 보고 결과를 예측해보는 것은 주술이나 미신이 아니다. 통찰력이나 직관력이라 할 수 있다. 어제는 대선 레이스 첫날이었다. 윤석열 승리가 예상되는 몇 가지 조짐이 있었다.

첫째, 윤석열의 스타트는 밝고, 힘차고, 젊고, 미래지향적이었다.

반면 이재명은 출발부터 음습한 네거티브였다. 건진법사, 신천지, 굿 등으로 출발했다. 이는 이재명 세력의 본 모습을 보인 것이다. 그러나 어둠은 빛을 이길 수 없는 법이다.

둘째, 안철수의 불행이다.

어제 발생한 안철수 후보의 유세차량 사고는 참으로 안타까운 일이다. (먼저 고인의 명복을 빕니다. 그리고 깊은 슬픔에 잠겨 계실 유가족 분들과 안철수 후보께도 정중한 위로의 말씀을 올립니다.) 안철수 후보에게는 최근 부인의 코로나 감염에 이어서 선거 운동원의 사망사고라는 악재가 겹치고 있다. 지지율도 하락하고 있다. 이대로 가다간 수백억의 선거비용도 보전 받기 힘들다. 이는 무리수를 두지 말라는 신호일 수 있다. 잠시 발걸음을 멈추고 정권교체의 큰 흐름에 합류함이 역사의 대의를 쫓는 길이 아닌가 싶다. 국민여론을 쫓아서 철수하는 것도 전략이고 용기다.

셋째, 이재명 유세차 전복사고.

선거운동을 하다 보면 많은 사람이 동원된다. 그리고 많은 운동원이 선거 캠페인에 참여하다 보면 분위기에 휩싸여 흥분하기 십상이다. 그래서 선거운동 과정에서는 이래저래 크고 작은 사고가 발생하게 마련이다. 그렇지만 선거운동 첫날 첫 소식이 유세차 전복 소식이라면 아무리 멘탈甲 이재명이라 할지라도 불길한 예감이 들 것이다. 어제 유세 첫날 불길한 예감이 이재명을 위축시키고, 이는 나쁜 결과로 이어질 확률이 아주 높은 사건이 터진 셈이다.

물론 신호는 이미 와 있는데 이재명이 운명을 거스르고 있었을 뿐이다. 공무원의 죽음, 마누라 한밤중 낙상사고, 시조 알묘 행사 엉덩방아 등 수없이 많은 불길한 징조는 이미 있었다. 천재지변 변고의 조짐은 미물의 움직임을 보고 알게 된다. 봄소식은 한 마리의 제비가 알린다. 어제는 윤석열 승리를 확신한 하루였다.

(2022년 2월 15일)

역동적 리더십 어퍼컷 세리머니

이준석이 당대표로 선출되고 얼마 지나지 않아 윤석열을 이렇게 評했다.

"윤석열은 대중 정치인의 면모를 갖추었다. 지금 윤석열은 전국 어디를 가서 손을 흔들어도 국민들이 답해 줄 것이다. 이 강점을 최대한 살리는 게 좋겠다."

정치판의 '천재 惡童' 이준석의 놀라운 혜안이다. '대중 정치인'은 아무나 되는 게 아니다.

대중정치인으로 인정받기 위해서는 우선 대중이 구름같이 몰려야 한다. 그리고 대중이 팬덤을 형성해야 한다. 대표적 대중정치인이라면 YS, DJ, 노무현, 박근혜 정도를 꼽을 수 있다.

YS는 용기와 결단의 정치인이었다. YS는 정치를 感으로 했다. 어려운 문제를 쉽게 풀어내는 결단의 정치인이었다. 강한 추진력, 포용력, 친화력으로 민주화투쟁을 이끌며 대중 정치인이 되었다.

DJ는 특유의 논리적 설득력, 선동적 대중연설, 고난을 견디는 인동

초, 이름까지 '大中'으로 바꾸는 노력, 여기에 호남 지역주의를 결합시켜 대중정치인이 되었다.

노무현은 권위주의를 타파하고 격정적 제스처와 열정적 웅변으로 대중을 사로잡았다. 여기에 노사모 팬덤을 이끌며 대중정치인이 되었다.

박근혜는 아버지 박정희와 어머니 육영수의 음덕을 입고 정치를 시작했다. 박정희, 육영수 향수는 박근혜 성장의 밑거름이 되었다. 박근혜는 청와대 생활을 통해 지도자 수업을 제대로 받았다. 박근혜의 초인적 정신력과 절제력은 '선거의 여왕 박근혜'를 대중정치인으로 키웠다.

이준석의 예측대로 검사 윤석열이 '역동적 대중 정치인'으로 거듭나고 있다. 윤석열의 '어퍼컷'은 대중정치인 윤석열 탄생의 신호탄이고 심벌이다.

이 모습을 지켜보는 민주당은 배가 아플 뿐이다. 아니 머리까지 지끈지끈 아플 것이다. 위선자 이재명으로서는 도저히 흉내 낼 수 없는 퍼포먼스다. 요즘은 퍼포먼스 한답시고 발차기를 해대는데 아무래도 어색하다. 그러다 보니 온갖 네거티브뿐이다.

오히려 호쾌한 어퍼컷은 부정과 비리를 날려버리는 결정적인 '한 방'을 상징한다. 또한 이 고난의 시대 역경을 헤치고 나갈 지도자는 '어퍼컷'을 날릴 줄 아는 히딩크 같은, '역동적 대중정치인'이다.

국민이 부르고 국민이 키우는 윤석열,
역동적 대중정치인 윤석열 후보.
필승!
(2022년 2월 18일)

대선 길목에서 만난 박진 의원의 하루

지난 금요일 (18일) 밤 10시가 다 되어갈 무렵이다. 그날 저녁은 찬바람이 불면서 늦추위가 제법 매서웠다. 특히나 코로나 확진자 10만 명 소식에 거리는 벌써 인적이 드물었다.

그 시간 국민의힘 선거 운동복 차림의 한 사나이가 시야에 들어왔다. 얼핏 스친 사나이의 모습이 낯설지 않았다. 다름 아닌 우리 동네 박진 의원이었다.

그는 SUV 차량에서 내려 7단지 앞 뚜레쥬르 빵집으로 향했다. 반가운 마음에 우리 일행도 뒤따라 들어갔다.

"의원님!"

뜻밖의 반가운 조우였다. 특히나 요즘 윤 후보의 분위기가 좋은 때라 더욱 반가웠다. 함께 있던 대모산 호랑이(대호 兄)와 덕진 아우도 반갑게 수인사를 나눴다.

대호兄이 "박진 의원은 앞으로 큰일 하실 분!"이라고 덕담을 건넸다. 박 의원께서는 손사래를 치면서 "주민들과 대모산 등산할 때가 가장 좋다."고 겸손해 했다.

술 한 잔 걸친 이덕진 사장은 박진 의원 손을 덥석 잡으며 대뜸 "형님! 저 아시죠? 부모님 고향 함경도요~~~!" 이덕진 사장 특유의 사업가다운 친화력이 돋보이는 순간이었다.

나는 박진 의원이 입고 있는 국민의힘 선거캠페인 복장을 만져봤다. 제법 따뜻해 보였다. 90kg 거구에다 밤늦게까지 뛰느라고 속옷까지 껴입은 박 의원님을 보면서 농담을 건넸다.

"윤 후보님과 박 의원님이 같이 서 있는 모습을 보면 누굴 대통령으로 뽑을지 모르겠네요."

우리는 유쾌한 웃음을 나눴다. 밤늦은 시간 식빵과 우유를 직접 사는 4선 의원을 보면서 윤석열의 승리를 다시 한 번 확신했다. 순간 김혜경 초밥 배달이 떠올랐다.

물론 4선 의원의 수행 운전비서는 차 안에 있었다. 박진 의원의 인간미가 살짝 보였다. 며칠 전 민주당 이광재와 박재호의 골프 장면도 오버랩 되었다.

아! 승리는 이렇게 얻어지는 거구나!!!

"의원님! 아무리 바빠도 식사는 제때 챙기세요! 빵 드셔서 선거운동 하겠습니까?"라는 말을 건네고 3월 9일 승리를 다짐하면서 헤어졌다.

유쾌한 밤이었다.

'부자 몸조심'이라고, 우리 모두 조심조심!

이대로 함께 갑시다!!

(2022. 2. 20 짝의 낙서 '빵 사는 4선 의원')

혼돈의 늪에 빠지나? (사전투표 D-7)

사전투표일까지 일주일 남았다. 유권자의 90~95%는 이미 갈 길을 정했다. 그래도 대형 사고는 표심을 흔들 수 있다. 어쨌든 앞으로 열흘은 부동층 5~10% 싸움이고 한편으론 지지층 결집 싸움이다. 코로나고 뭐고 죽기 살기로 투표장에 나가는 쪽이 이긴다.

다시 말해 닥치고 끝내기 싸움이다. 남은 기간 끝내기를 잘해야 승리할 수 있다. 특히나 이번처럼 3~5%의 오차범위 內 초박빙 승부가 예측되는 상황에서는 끝내기 한 집이 절실하다. 그럼에도 결국 안철수 단일화 문제가 대선 막판까지 끝내기 중대 변수로 급부상했다. 몇 가지 긴급사항을 짚어본다.

첫째, 안철수 대응책

윤 캠프가 안철수 대응책으로 권영세 단일화 계속 추진파와 이준석의 안철수 손절파(조롱파)가 충돌하고 있다. 선거 막판 최대 악재다. 10년 공부 도로아미타불 될 수 있는 긴박한 상황이다. 어쨌든 윤석열의 결단이 시급한 상황이다. 질질 끌면 필패다. 내일은 없다. 오늘도 다시 오지 않는다.

둘째, 여기에 더해 민주당의 추파는 계속되고 있다.

민주당은 통합정부론, 다당제, 중대선거구제, 연동형 비례대표제 등으로 안철수, 심상정, 김동연을 유인하고 있다. 좌파의 안철수 흔들기 총공세다. 안철수의 표보다 대선 판을 흔드는 게 목적이다. 판을 흔들어 윤석열의 氣를 꺾고 대선 막판 바람몰이로 집토끼를 결집시키는 이중포석이다. 막판 주도권을 노리는 전략이다. 한편 윤석열을 고립시켜 포위작전을 진행 중이다. 그들은 이를 '민심단일화'라는 이름으로 막판 표심을 흔들고 있다.

내가 뭐라 했던가? '세대포위론'만으론 부족하다고…. 대선 국면 초기부터(약 6개월 前쯤부터) '중도우파 연합'으로 '좌파 고립 전략'을 기본구도로 짜야 한다고 했는데, 이제 역으로 당하고 있다. 지금 급한 건 우크라이나 사태로 끝내기 선수를 잡아야 한다.

'한미동행 강화'와 '종복 주사파 정권 퇴출' 메시지가 필요하다. 이재명 참모조직 경기 동부연합, RO 용인, 수원, 성남 벨트에 대한 '안보 위험 집단' 메시지 강조와 반복이 필요하다.

선거 막판의 하루는 열흘이다.

셋째, 정체불명 안철수 X파일이 돌고 있다.

안철수 단일화 포기 기자회견 배경이 의심스럽다. "안철수가 말 못할 사정에 봉착했다(장기표 대표)." 그래서 서둘러서 난데없는 단일화 포기 기자회견 했다는 등의 얘기다. 매의 눈으로 지켜보자. 지금은 무조건 "내가 윤석열이다!" 우리 주변 가족, 친구, 직장동료를 대상으로 '하루 10명씩 일당백'을 확보해 나가는 방법뿐이다.

이번 선거에 지면 나라는 망하고 너나없이 다 죽는다. 우리는 지금 이재명의 무서운 변신술을 보고 있다.

그가 집권하면 어찌 되겠나? 표변(豹變)이다. 표변은 순한 사람이 갑자기 표범으로 돌변하는 현상이다.

(2022년 2월 25일)

선거 막판 뒤집어지나?

위기다. 이유가 있다. 지난 일주일 무슨 일이 있었나?

첫째, 막판 금권선거 소상공인 자영업자 300만 원 살포.
추가지급 기대 심리 조성, 자영업자 표심 변화, 코로나 확진자 지원금 선거 막판 일제 살포. 돈 앞에 장사 없다.

둘째, 안철수 단일화 결렬.
선거 단일화는 시너지 효과가 중요하다. 안철수의 단일화 결렬 선언으로 逆시너지 효과가 발생하고 있다.

셋째, TV토론이다.
TV토론에서는 구체적 사실 관계나 실체적 진실보다도 어떤 이미지를 남기느냐가 중요하다. 윤석열 후보가 3인의 파상공세에 밀리고 있다. 수세적 이미지와 함께 전문적 식견이 부족하다는 인상을 남겼다. 남은 토론 공세적 자세로 전환할 필요가 있다.

오늘 2차 토론에서는 이렇게~!

①지난번 토론 때 이재명 후보가 우리나라가 OECD 선진국 중 자살률 1위라고 지적했는데, 자살률 1위 최대 공헌자는 바로 이재명 후보다. 대장동에서 몇 명이 자살했는가?

②요즘 2030은 전과가 없어도 취업을 못하는데 전과 4범이 대통령 취업 웬 말이냐?

③경기도 법카 불법 사용은 검사가 볼 때 죄질이 매우 불량한 상습 파렴치범이다. 법적 관용이 어렵다.

④이재명 후보 형수에 대한 쌍욕은 전국의 시동생, 형수들을 분노케 했다 등.

공격적이면서도 공감 가는 화두로 주도권을 잡을 필요가 있다.

넷째, 좌파는 거짓말 반복효과 보기 시작한다.

거짓말도 열 번 들으면 진실같이 들리는 법이다. 이재명을 필두로 좌파 스피커들의 거짓말 총공세에 우파가 효과적 대응을 하지 못하고 있다. 거짓이 진실로 받아들여지는 현상이 발생하고 있다.

다섯째, 좌파 총결집 현상이다.

때론 똥볼을 차기도 하지만 일단 총결집 화력을 집중하고 있다. 우상호에서 설훈까지. 대신 우파는 단일화 등을 놓고 분열 양상에 화력이 분산되었다.

또한 윤핵관 논란의 結果로 중진 공격수가 거의 실종되었다. 우파의 화력과 전투력이 약해지고 있다. 정신 차려야 한다. 총공격 앞으로!

(2022년 2월 25일)

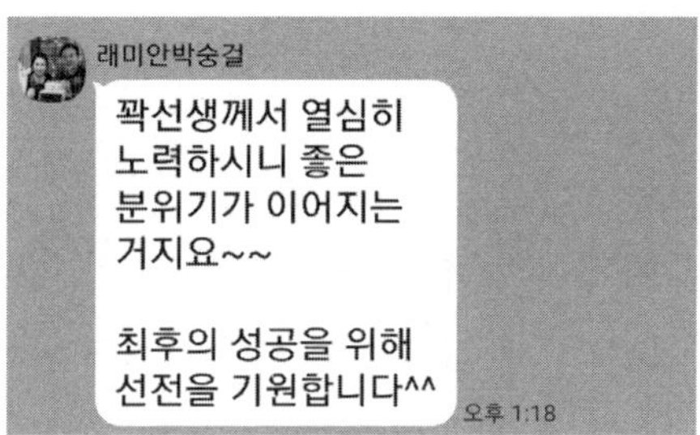

마지막 한 수, 약자와의 동행 특별 5대 공약1 (어차피 묻고 더블로 간다.)

안철수와의 단일화 논의도 현재로선 성과가 없다.

선거가 코앞으로 다가온 시점에서 웬만한 공약으로는 효과가 없다. 유권자가의 90% 이상이 제 갈 길을 정했기 때문이다.

따라서 지금은 적진 깊숙이 파고드는 공약, 유권자 개개인에게 직접 得되는 공약, 유권자가 피부에 느껴질 정도로 손에 잡히는 실질적·구체적인 과감한 공약으로 적의 전열을 흔들어야 한다. 그래야 마지막 한 표를 뺏어와 두 표로 만들 수 있다.

1.소주, 담배 소비세 인하

소주와 담배는 서민의 기호식품이다. 소주 값과 담배 값은 서민 주머니에 매일 매일 직접적으로 영향을 미치는 사안이다. 따라서 유권자 반응은 즉각적이고 공약 공감 민감도와 폭발력이 매우 클 수밖에 없다. 한편 명분도 충분하다.

서민이 세금 많이 부담하는 것은 불공정하다.

2.반(半)지하 탈출 프로젝트

반(半)지하, 고시원, 옥탑방 거주자 주거복지 생계비 월 5만 원 지원. 주거 취약계층에 대한 주거복지 5개년 계획 동시 발표(청약가점, 대출 등)

3.70세 이상 기저질환자
의료비 월 3만 원 지원. (혈압, 당뇨약 등 약품 장기 복용자)

4.코로나 피해 자영업 소상공인 대출이자 3년 동결.
과거 김대중 정부의 농가부채 탕감 사례를 참조하면 된다. 지금은 도시 자영업자 부채 경감조치 강구해야 할 시기이다.

5. 코로로 피해 육아 돌봄 지원금
월 5만 원 지급(0세~초등 취학 전 아동), 맞벌이 가정 지원 & 싱글맘 지원, 영유아 등하교 & 돌봄 지원 대책 마련.

6. 다문화 가정 육아 언어 교육비 지원 등이다.

어차피 묻고 따블로 갈려면 확실하게 핀셋 공약해야 효과를 본다.
(2022년 2월 27일)

마지막 TV토론

코로나와 함께 이재명 거짓말 전염병이 돌고 있나 보다.

안철수도 이상해졌다. 안철수가 이재명의 거짓말 바이러스에 확진되었나? 새 정치의 상징 안철수까지 국민을 속이려 한다. 그러나 우리는 우리에게 주어진 길을 묵묵히 갈 뿐이다. 분노를 참으며 한 표 한 표 챙기자!

그럼 3월 2일 윤석열 마지막 TV토론은 어떻게 준비해야 하나?

첫째, 새 구두를 신은 느낌으로 임하라.

정신자세가 흐트러지면 죽는다. 긴장은 풀고 대신 결전 의지는 굳게 다져라.

둘째, 졸면 죽는다. 집중, 집중, 또 집중이다.

특히 모든 후보의 발언에 집중해서 질문과 답변의 핵심을 꿰뚫어라. 그리고 즉각 핵심에 대응해라.

셋째, 말을 빠르게 해라.

내용이 좋아도 뜸 들이면 헛일이다. 특히 말을 느리게 하면 무능해 보인다. 디지털시대의 트렌드는 스피드다. 2030 역시 스피디하다.

넷째, 결론부터 한 마디의 키워드로 답하라.

두괄식 논리 전개의 화법 연습이 필요하다.

다섯째, TV토론은 펜싱 경기와 같다.

엎치락뒤치락하는 레슬링 경기가 아니다. 제한된 시간 내에 빨리 찌르고 빠지는 펜싱 경기다. 먼저 공격해야 이슈를 선점하고 계속 공격할 수 있다. 선공으로 주도권을 잡아라.

여섯째, 연타를 준비해라.

복싱도 연타가 터져야 KO승이 된다. 상대의 답변에 추가 질문 이어서 3차 4차 연속질문으로 항복을 받아야 한다. 최소 3연타를 쳐야 한다. 단발로는 상대가 무너지지 않는다. 연타가 가능한 질문 문항을 미리 준비하라. 그래야 코너로 몰고 연타를 칠 수 있다.

일곱째, 단호하게 대응하고 반박하라.

토론은 대결이다. 마지막 토론이다. 웃음보다 비장함을 보여라. 넉넉하게 웃고만 넘기면 시청자는 토론에서 지는 것으로 인정한다. 밀리면 무능하게 보인다. 특히 상대방 토론 매너가 안 좋을 땐 따끔하게 지적하라.

여덟째, 히든카드 키워드를 챙겨라.

내일 아침 신문 제목감이 되어야 한다.

아홉째, 두괄식 화법 예시-1

이재명 후보는 '배임죄 후보'다.

(뒤집어씌우기에) '유능한 후보'다.

대장동은 이재명 성남시장이 설계하고 추진한 성남시장 역점 핵심추진사업이었다. 정상적인 시장이라면 역점 핵심추진사업은 매일매일 진행사항을 챙겨야 한다. 그런데 어떻게 1조 원 도둑이 생기나? 이게 유능한 후보인가? 이는 '배임죄' 후보다. 간이 배 밖으로 나온 '덮어씌우기에 유능한 후보'다.

두괄식 화법 예시-2

이재명 후보 '국제적 망신살 후보'다.

이재명 후보는 대통령 되기도 전부터 국제적으로 망신 산 거 아시죠? 그래서 또 사과한 것 맞죠? 곤경에 처한 우크라이나 대통령을 대한민국 대선 판으로 소환해서 국격을 떨어뜨린 거 맞죠? 이런 경박한 처신을 하는 분이 어떻게 '유능한 후보' 입니까?

열 번째, 마무리 발언은 감성에 호소. 혹시 이런 문구는 어떤가요?

국민을 지키는 든든한 대통령.
부패척결, 국민행복 대통령.
거친 손을 잡아주는 소탈한 서민 대통령.
어린이들로부터 존경받는 어린이 대통령.

오늘 끝내기 한 수는 마지막 TV토론 훈수였습니다.
(2022년 2월 28일 2월의 마지막 날)

윤석열을 믿고 사전투표 해야 이긴다

두 후보의 지지율이 서로 바싹 붙었다. 초초박빙이다. 그렇다면 지지층 결집이 승패를 가를 것이다. 즉 지지층이 얼마나 열성적으로 투표장에 몰려가느냐가 승패의 관건이다. 이러한 현상을 흔히 '분노 투표'라고 한다. 우파는 분노 투표의 행렬이 투표장 앞에 줄을 서야 이번 선거를 이긴다. 그런데 이 분노의 행렬을 사전투표 개표 부정론자들이 막아서고 있다.

생각해보라. 좌파는 투표기간 3일을 여유 있게 쓰는 반면, 우파는 사전투표 없이 본 투표 하루만 했을 때 지지층 투표율이 어찌 되겠나? 그렇지 않아도 좌파는 중앙권력과 지방권력을 완전 장악하고 있다. 따라서 국회의원, 시군의원 및 말단 조직까지 총동원하는 투표전략을 쓸 것이다. 사전투표, 본 투표 가릴 것 없이 투표기간 내내 전화하고 문자하고 카톡 해서 지지층 투표상황을 점검할 것이다.

여기에 대항할 방법은 두려움 없는 '정권교체 분노 투표'뿐이다. 사실상 사전투표의 조직적 개표 조작은 있을 수 없다.

여기서 우파를 갈라놓는 황교안, 공병호 등 개표 조작론자의 주장을 간략하게 짚어 보자.

첫째, 전산조작이다.

그러나 각 개표소별로 정당의 개표 참관이 확인한 실물이 있다. 이를 오프라인에서 덧셈하는 데는 1시간도 안 걸린다. 따라서 전산 조작은 의미도 없고 가능하지도 않다.

둘째, 자동개표기 부정이다.

이는 엄밀하게 말해서 투표용지 자동분류기이다. 자동 분류된 투표용지는 개표 종사원 그리고 정당 참관인의 확인을 거쳐 선관위원장이 최종 집계를 공표한다. 현장을 지키는 눈이 몇 개인데… 개표 부정이 개입할 여지는 없다고 본다.

셋째, 투표용지 바꿔치기 등 실물 투표 부정론이다.

이러한 부정선거를 획책하기 위해서는 인력이 동원되어야 한다. 인력이 동원된 부정선거는 어디서 터져도 터지게 되어 있다. 그리고 감옥에 가는 것은 당연하다. 그리고 선관위 직원 2,900명이 모두 좌파 일색일 수도 없다.

지난 번 문재인이 재임용하려다 실패한 조해주 파동도 17개 선관위 직원 2,900명 전원이 들고 일어난 사건이었다. 또한 좌파가 투표용지나 투표함을 바꿔치기할 정도로 어리석지는 않다. 그 정도 같으면 걱정도 않는다.

황교안, 공병호 같이 세상물정 모르는 순진한 사람이 대통령 권한대행, 당대표, 공천심사위원장도 했으니… 보수우파가 갈 길을 잃고 헤매는 것이다.

지금도 그들이 앞장서서 우파를 분열시키고 있어 답답하다.

다행스럽게도 윤석열 후보가 사전투표를 한다고 한다. 이제는 윤석열을 믿고 "분노투표로 정권교체!"가 답이다.

우리 다함께 사전 투표장으로 몰려갑시다. 지금으로부터 백여 년 전인 1919년 3월 1일 일제의 탄압에 맞서 죽음을 무릅쓰고 온 국민이 단결해 저항하던 행동처럼 산천초목 지축이 흔들리도록 발을 구르며 "정권교체!"를 위해 분노의 함성을 지르며, 두려움 없이 사전투표장으로 향하도록 하자!

(2022년 3월 1일 삼일절 아침)

승리 확신, 막판 사고방지

어젯밤 TV토론은 윤석열 후보의 압승이다.

여유 있는 웃음기보다 비장함이 돋보였고 말은 빨라졌고 상대방의 토론 매너를 적시에 지적하기도 했다. 어떤 사안도 밀리거나 머뭇거리지 않았다. 그야말로 달라진 윤석열의 전광석화 같은 날쌘 펜싱 경기를 선보였다.

특히 주도권 토론에서 조카 사건 선공으로 급소에 연타를 쳤고, 마무리는 대장동을 통해 휘니싱 브로우(Finishing Blow)인 어퍼컷을 쳐올렸다.

윤석열 KO승이다.

오늘 아침에는 안철수와 단일화도 마무리 짓는다. 이제는 오는 사람 막지 말고 가는 사람 잡지 말아야 할 때다. (꽉의 낙서 〈안철수와 이준석이 함께 사는 법〉 참조)

승리의 공식이 완성되어 가고 있다.

이제 남은 것은, 이 시점에서 정말로 중요한 것은 상대방이 파놓은 함정에 빠지지 않는 것이다. 특히 윤석열, 이준석, 김건희, 핵심 측근

국회의원에서 말단 당원까지 극도로 말과 행동을 조심하면서… 또한 상대가 파는 함정을 피하기 위해 즉흥 발언, 즉흥 답변을 조심하고 이제는 신중하게 원고에 의지할 때다.

3월 9일 개표가 끝나고 윤석열 대통령 당선증 받고
대한민국 제대로 만들 때까지 겸손하게 갑시다!
대신에 지인과 함께 사전투표 갑시다!
사전투표는 혼자 가면 안 됩니다.
꼭 지인과 함께 가야 승리합니다.
(2022년 3월 3일)

오늘은 사전투표 하는 날

투표란 무엇인가?

첫째, 투표는 국민의 의무다.

인간은 누구나 主權을 갖고 있다. 국가는 각 개인이 갖고 있는 主權을 위임(양도)받아서 만든 공동체이다. 다시 말하면 개인은 각자의 주권을 투표를 통해 대리인을 선출해 권한을 양도(위임)함으로써 국가를 꾸려나가도록 하는 것이다.

따라서 국가 권력의 원초인 국민은 국가 권력이 제대로 작동되는지를 주기적으로 점검할 권리와 의무가 있다. 이러한 주권의 위임과 작동은 투표라는 과정을 통해서 이루어진다. 그러므로 투표는 주권자인 국민의 권리이자 동시에 의무이다.

오늘은 정권교체를 위해 국민의 의무를 다합시다!

둘째, 투표는 계약이다.

개인은 主權을 국가에 양도하고 국가는 나의 주권을 양수한다. 따라서 주권을 넘겨준 나는 국가의 통제에 따라야 한다. 대신에 국가는 내 생명과 재산을 보호해 주어야 한다. 투표는 이러한 계약을 맺는 요식행위이다.

오늘은 계약서를 쓰는 날이다. 이 중요한 계약에 당사자인 내가 빠져서는 안 된다.

자칫하다간 온 나라가 전과 4범에 사기를 당하고 만다.

정권교체를 위해 꼭 3인 이상 동반으로 사전투표를 합시다,

셋째, 투표는 지배와 피지배자 관계 설정이다.

"유권자는 투표할 때까지만 자유롭다." 투표가 끝나고 나면 우리가 뽑은 통치자가 우리의 삶을 직간접으로 지배하게 된다.

'거짓말의 달인'이 내 삶에 들어오게 되면 그때는 후회해도 이미 늦으리다. 손가락을 자른다고 후회해도 이미 一手不退다.

"투표는 탄환보다 강하다!"

(2022년 3월 4일 사전투표 첫날)

윤석열 당선 근자감

근자감은 '근거 있는 자신감'이란 말이다.

이제 대선이 '여론조사 깜깜이' 선거운동 구간에 접어들었다. 여론조사는 종종 마사지가 되기도 한다. 그렇다 할지라도 그동안 여론조사는 대선 판도에 대한 대중의 궁금증을 해소하는데 일조했다. 그런데 앞으로 며칠간 일반인은 전혀 알 수가 없다. 깝깝하게 되었다.

그래서 '꽉의 낙서'가 선거결과를 점쳐본다.

과거에는 경찰, 안기부 그리고 국군 정보부대가 서로 (정확도를 놓고) 충성경쟁을 벌였다. 아마 그러한 보고서는 지금은 거의 사라졌다고 본다. (나의 순진한 생각일 수도 있다.)

어쨌든 깜깜이 선거운동 기간에도 여론조사는 계속된다. 다만 일반인이 접할 기회가 없을 뿐이다.

그러나 판세를 점검하는 나만의 예측지표가 있다.

여기서 윤석열 당선의 근자감을 제시해 본다.

첫째, 중요한 것은 바닥 민심이다.

과거 택시기사가 전하는 민심이 바닥 민심의 척도였던 시절도 있었다. 이는 호랑이 담배 피우던 시절 얘기다. 지금은 인터넷과 유세장 여론이 민심의 지표다. 나는 인터넷 여론은 잘 모른다. 그러나 분명한 건 유세장 분위기이다.

윤석열의 정권교체 여론은 유세장의 지축을 흔들고 있다. 이는 윤석열 당선 확실 근자감의 첫 번째 이유다.

둘째 근자감은 윤석열의 音色과 顔色이다.

윤석열의 얼굴에는 광채가 돌고 목소리는 힘이 넘친다. 말과 행동과 표정에서 자신감이 넘친다. 반면 이재명는 불안하고 초조하고 쫓기는 모습이다. 그러다보니 안색이 안 좋고 목소리는 힘이 없고 악만 쓴다. 더구나 아무 말이나 막 내던진다.

"나라에 도둑놈이 많다."는 저 자신에게 해당되는 허경영 구호까지 팔아먹는다. 안철수와 허경영, 심지어 친박 핵심인 조원진 후보까지 모두 붙들고 통사정하는, 이른바 '꿀꿀이죽'을 만들고 있다. 특히나 이재명의 행동은 가볍고 천박하기 이를 데 없다.

이보다 더 확실한 패배의 징표는 없다.

그는 패배로 가는 직행열차를 탄 채 유권자에게 손을 흔들고 있다.

셋째 근자감은 黨이다.

민주당과 좌파는 하루가 멀다 하고 이탈자가 속출하고 있다. 반면 우파는 윤석열과 국민의힘으로 하루가 다르게 결속되고 있다. 이게 윤석열의 대통령 그릇이고 근자감의 증거이다.

넷째는 이낙연도 홍준표처럼 소극적으로 선거운동에 임하는 것 같다.

아직은 호남에서 윤석열 후보에 대한 최종 지지율을 알 수는 없다. 그러나 분명한 것은 호남이 딜레마에 빠져 있다는 사실이다. 이낙연을 낙마시키고 이재명을 대통령 후보로 만든 호남이다. 호남은 지금 이를 후회하고 있다.

투표에서는 호남이 전과 4범, 쌍욕쟁이 후보를 전폭적으로 지지하기가 쉽지 않을 것이다.

이외에도 윤석열 당선의 근자감은 무수히 많다.

오늘은 여기서 줄이고 사전투표를 독려하러 가자!

(2022년 3월 5일)

D-2, 비상이다! 뭉쳐야 이긴다! 긴급 상황점검

두 가지만 짚어본다.

첫째, 부정 투개표 문제.

확진자 사전투표 관리 부실에 대한 보수층의 분노와 염려가 하늘을 찌르고 있다. 당연히 선관위의 투표 부실관리에 대한 강력한 조치가 있어야 한다. 더 나아가 어떤 기획된 거대한 정치적 음모가 숨어 있는지도 살펴야 한다.

그러나 D-2 상황이다. 지금은 과유불급을 조심해야 할 때다. 왜냐하면 "성급한 일반화의 오류"의 함정에 빠질 수 있기 때문이다. [확진자 사전투표]는 특별 케이스이다. 이를 두고 마치 선거 전체를 부정선거로 몰고 가서는 안 된다. 자칫하다간 우파진영 내에서 소모적 부정선거 논쟁이 재현될까 걱정되기 때문이다. 이는 우파진영의 적극적 투표심리를 약화시키는 요인으로 작용할 수 있기 때문이다.

지금은 한 표가 아쉽다. "정권교체 총력투표"에 전선 교란이 있어서는 안 된다. 뿐만 아니라 지나친 부정선거 주장은 훗날 부메랑이 될 수도 있다. 선거에 패한 좌파에게 선거부정(대선 불복)의 빌미를 줄 수도 있기 때문이다. 어쨌든 지금은 부정선거 투쟁이 아니고 총력 투표에 매진해야 할 시점이다.

黨 지도부의 현명한 대처를 기대한다.

둘째, 역사적 사전 투표율이다.

호남 51% 사전투표율이 D-2 시점에서 대선 이슈를 집어삼키고 있다. 역사적 대선의 판세는 요동치고 있다. 우파도 긴장해서 집결해야 이긴다.

盡人事待天命!

사람의 할 바를 다하고

神의 선택을 기다리자!

(2022년 3월 7일)

길고도 길었던 하루(The Longest Day)

드디어 2022년 3월 9일이 밝았다.

어제 저녁 시청광장에서 윤석열이 토해낸 사자후의 여진이 나의 새벽잠을 깨웠다. 그런데 이상했다. 3월 9일의 세상은 온통 청색이었다. 특히 언론 분위기가 이상했다. 방송3사, 연합, YTN, 심지어 동아, 조선까지 TV화면의 배경색과 자막의 글씨에서 선관위 직원 장갑 색깔까지. 세상은 온통 파란 물결로 넘실거렸다.

아! 살짝 긴장이 되었다.

그래도 설마 여론조사 수치도 있고. 이준석의 호언장담도 있는데, 아니나 다를까 12시를 넘어서니 다급한 소식이 전해졌다. 에너지는 이미 다 방전되었는데, 남은 거라곤 젖 먹던 힘을 짜낼 수밖에. 투표했냐? 확인 전화와 카톡 외 달리 방법이 없었다.

이렇게 허둥대면서 '지상 최대의 작전' 하루가 지나갔다.

3월 9일. 하루가 그렇게 길 수가 없었다.

그야말로 "The Longest Day!"였다. 오후 6시 30분 박진 의원으로부터 "생맥주나 한 잔 합시다!"라는 전갈이 왔다.

래미안 同志들과 함께 호정순대에서 박진 의원을 만났다. 박 의원도 많이 지쳐 있었다.

박 의원은 순대국 한 그릇으로 저녁을 때우고 동네 친구들 손을 잡아주고 당(黨) 사무실로 자리를 옮겼다. 참 감사한 방문이었다.

이제 개표 시작 딱 1시간 전.

전투가 끝나고 오라는 곳도 많고 갈 곳도 많은 4선 중진의원이신데. 그 절묘한 시간에 대모산 사령부 무명용사들을 격려해 주셔서 감사했다.

참고로 박진 의원이 대선 기간 저자를 '강남을 전략기획 보좌역'으로 불러 주셨다. 과분한 자리지만 한편으론 정권교체에 동참할 기회를 갖게 되어 영광이었다.

저녁 7시 30분.

출구조사 발표 세상은 다시 적막 속으로 또 다시 "The Longest Night!"가 시작되었다.

이튿날 새벽 4시 40분.

대모산 호랑이(大虎형), 그리고 대모산 범 내려온다(來범)와 함께선지해장국에 막걸리 한 사발을 들이켰다. 승리의 축배는 심플했다.

우리는 0.73%의 위대한 승리를 했다.

민주주의 대원칙인 다수결에 의한 위대한 승리다.

누구도 함부로 건드릴 수 없는 피와 땀으로 일군 값진 승리다.

그러나 승리 위에 잠자는 자, 승리를 도둑맞을 것이다.
정신 바짝 차리자.
새벽 공기를 마시며 대모산 산채로 돌아오는 중
갑자기 민주당 사람들에게 감사한 생각이 들었다.
그분이 보수 궤멸만 외치지 않았어도
20년, 50년, 100년 집권만 외치지 않았어도
임대차 3법을 속도전으로 밀어붙이지만 않았어도
우리가 이렇게 뭉칠 수 있었겠나?
보수는 이렇게 다시 태어났다.

대한민국의 올바른 미래를 위해
숱한 나날을 뜬 눈으로 날밤을 새우며
국가의 운명을 걱정해 오신 국내외
무명용사님들께
나의 보잘 것 없는 이 작은 일기장을
두 손 모아 바칩니다.

대한민국이여! 영원하라.
(2022년 3월 10일 대선 승리의 아침에)

후 기

극은 끝나고

'꽉의 낙서'가 [보통 사람들의 카톡 전투, 민심 반란의 현장]으로 다시 태어난다.

내가 무슨 책인가? 나는 평소에 '헐렁하게 살기'를 실천하는 중이었다. 그런 나까지 책 한 권을 보탤 줄이야! 세상에 또 하나의 업을 쌓는 것 같다. 그래서 많이 망설였다.

그럼에도 '꽉의 낙서'를 한 권의 책으로 재탄생시킨 데는 딱 2가지 이유가 있다.

첫째는 (지나고 보니) '꽉의 낙서'는 꽉만의 낙서가 아니었다. '꽉의 낙서'를 '돌려보기' 해주신 수많은 무명용사님들의 기록이었다.

왜냐하면 20대 대선은 아주 특별했기 때문이다. 좌우 둘 다 젖 먹던 힘까지 다해서 싸운 치열한 전투였다.

한쪽은 지은 죄가 많아 살아남기 위해 몸부림쳤고, 다른 한쪽은 후손들에게 온전한 자유대한민국을 물려주기 위해 싸웠다.

그러다 보니 전투는 치열했다. 윤석열만 지친것이 아니었다. 무명용사들도 에너지가 모두 방전될 정도였다. 그 숱한 무명용사들이 카톡 전투 북새통에 부상당하고 쓰러져 나갔다.

특히 대모산 무명용사들! 그들은 때로 긴장했고, 흥분했고, 분노했고, 통곡했고, 열광했다. 그래서 그들의 땀과 눈물을 기록으로 남겨두어야 했다.

역사라는 게 꼭 거창한 사건의 독점기록은 아닐 것이다. 어쩌면 이름 없는 이들의 피와 땀과 눈물의 기록이 진짜 역사의 기록일거다. 그래서 책을 낸다.

두 번째 이유는 윤석열 정부의 성공을 응원하기 위해서 기록을 남긴다.

윤석열의 대통령 당선은 정권교체의 완성이 아니라 이제 시작에 불과하다.

윤석열 앞에 놓인 진짜 정권교체의 길은 대선 승리보다 더 험난하다. 180석 거대야당의 여소야대 정국, 도처에 자리 잡은 알 박기 후예들, 철 지난 이념으로 무장한 강성 좌파들, 대깨문·대깨명의 좀비들, 김정은을 찬양하는 주사파까지 도처에 敵이다.
이들은 하나같이 윤석열의 실수만을 기다리고 있다.

그럼에도 윤석열은 이들과 마주 앉아 설득해야 하고, 이들을 극복해야 하고, 때로는 깨야만 한다. 2027년 재집권에 성공하면 그때 비로소 '윤석열의 정권교체'는 완성되는 것이다.

앞으로 5년간 이 至難한 싸움에서 윤석열이 때로는 지치고 힘들 것이다.

좌파로부터 심한 공격을 받을 때, 고독한 결단을 내려야 할 때, 혹시라도 마음이 흔들릴 때, 아니면 대통령의 권력에 취할 때, 뿐만 아니라 영광스러울 때도 마찬가지다.

윤석열은 생각해 봐야 한다.
무명용사! 그들이 왜 싸웠는지?
그들이 어떻게 몸 바쳐 싸웠는지?
그들이 어떤 나라를 꿈꾸며 싸웠는지?

이런 연유로 '꽉의 낙서'는 많은 부족함이 있음에도 서둘러(윤석열 대통령 취임식에 맞춰) 한 권의 책을 만들었다.

죄송할 따름이다. 진작 출판을 염두에 두고 있었다면 시간을 갖고 좀 더 세심하게 체크했어야 했다. 지금 보니 부족한 점이 한두 군데가 아니다. 그래서 그냥 낙서로 편하게 봐주시길 간청하고 싶다.

'꽉의 낙서'는 상투적인 인사말을 좋아하지 않는다. 그래도 책이 나오기까지 결정적인 도움을 준 두 분께 감사드린다. 한국방송기자클럽 이선명 부회장님과 새로운사람들 이재욱 대표님이다. 이선명 부회장님은 평생 언론인의 길을, 이재욱 대표님은 평생 출판인의 길을 걷고 계시다. 두 분의 내공과 도움이 없었다면 출판은 불가능했다.

그리고 이 책의 진짜 영웅은 대모산 사령부 무명용사 전우들이다. 다만 전우들의 이름은 마음에 새겨둔다. 우리는 무명용사이니까.

그리고 홍쭈구리(홍성고) 친구들!!! '꽉의 낙서'를 열심히 봐줘서 너무 고마웠다.

'꽉의 낙서'를 사랑해주신 카톡 친구님들! 님들을 향한 존경하고 사랑하는 제 마음 아시죠? 우리 무명용사들이 힘을 모아 윤석열 정부를 응원하고, 지켜내고, 한편으론 감시해서 성공한 윤석열 정부를 만들어 냅시다!!

5년 후 다시 한 번 국민의 사랑을 받자구요!!

전우들의 건승을 기원합니다!

꽃 피는 4월의 대모산 자락에서

2022. 4. 꽉 올림